STORI'R
GYMRAEG

CATRIN STEVENS

Tipyn
o'n
Hanes

Gomer

Cyhoeddwyd yn 2009 gan
Wasg Gomer, Llandysul, Ceredigion SA44 4JL

ISBN 978 1 84851 064 7

Dymuna'r cyhoeddwyr gydnabod cymorth
Cyngor Llyfrau Cymru.

Argraffwyd a rhwymwyd yng Nghymru gan
Wasg Gomer, Llandysul, Ceredigion

CYNNWYS

Popeth yn Gymraeg – hyd yn oed y ffôn

CYFLWYNIAD

Rhai cwestiynau cyffredin
am y Gymraeg

Weithiau, pan fyddwch chi yng nghwmni pobl o dramor neu bobl ddi-Gymraeg byddan nhw'n gofyn cwestiynau lletchwith i chi am yr iaith – cwestiynau fel: 'Beth yw ystyr enw'r lle a'r lle, neu enw rhyw berson arbennig?' neu, 'Pam fod llythrennau'n newid neu'n treiglo ar ddechrau geiriau yn y Gymraeg?' Mae'r rhain yn gwestiynau anodd a chymhleth i'w hateb, ac i'w hosgoi os oes modd yn y byd!

Ond dyma gwestiynau cyffredin eraill – ynghyd ag atebion y tro hwn!

Faint o bobl sy'n siarad Cymraeg yng Nghymru heddiw?

Mae'n anodd ateb ar ei ben. Yng nghyfrifiad 2001 honnai 582,368, sef 20.8% o'r boblogaeth (dros 3 oed), eu bod yn siarad yr iaith, gydag 16.3% yn dweud eu bod yn gallu darllen ac ysgrifennu Cymraeg hefyd. Yn 2008 amcangyfrifwyd bod y ganran wedi codi i 26.5%, ond bydd yn rhaid aros tan gyfrifiad 2011 i wybod mwy am union deithi'r iaith yn ystod degawd cyntaf y mileniwm newydd.

	2001	2008
Nifer siaradwyr	582,368	740,500
Canran o'r boblogaeth	20.8%	26.5%

Pa fro sydd fwyaf Cymraeg ei hiaith?

Mae'n dibynnu a ydyn ni'n sôn am ganran y boblogaeth neu niferoedd y siaradwyr yn y fro honno. Roedd y ganran uchaf – 69%, yng Ngwynedd yn 2001, â wardiau Peblig a Phen-y-groes ar y brig gydag 88% o'r boblogaeth yn siarad Cymraeg. Gan Sir Gaerfyrddin yr oedd y nifer mwyaf o siaradwyr – 84,196 ohonynt, er mai dim ond 50.3% o boblogaeth y sir oedd hynny. Roedd 9.3% o boblogaeth Sir Fynwy hyd yn oed yn siarad Cymraeg, o'i gymharu â dim ond 2.1% ddegawd ynghynt.

Grŵp llefaru Adran Emlyn o sir Gâr, lle roedd y nifer mwyaf o siaradwyr Cymraeg yn 2001

Faint o bobl sy'n siarad Cymraeg y tu allan i Gymru?

Does neb wedi'u cyfrif yn gywir. Ond mae nifer sylweddol iawn yn byw yn Lloegr, a chredir bod dros bum mil ym Mhatagonia, rhyw dair mil yr un yng Nghanada ac UDA, a thros fil yn Seland Newydd ac Awstralia; heb sôn am siaradwyr mewn sawl gwlad arall hefyd.

Ninnau, papur newydd y Cymry yng Ngogledd America gydag un dudalen yn Gymraeg

Protest yng Nghaerfyrddin, 2007

Sawl Deddf Iaith sy wedi'i phasio a beth yw'r rhagolygon?

Pan basiwyd Deddf Uno 1536 cynhwyswyd ynddi gymal iaith yn rhoi statws swyddogol i'r iaith Saesneg yn unig yng Nghymru. Ac felly y bu, tan i'r ymgyrchu brwd yn yr 1960au ac wedyn, sicrhau Deddfau Iaith 1967 ac 1993. Hyd yn oed yn awr mae llawer yn dadlau bod angen deddfu pellach i roi statws hollol gyfartal i'r iaith yn y sector preifat yn ogystal â'r sector cyhoeddus. Yr eironi mawr, wrth gwrs, yw bod ein Deddfau Iaith Gymraeg ni i gyd yn yr iaith Saesneg gan mai yn San Steffan y cânt eu pasio. Yn 2009 dyma'r ymgyrch allweddol, sef sicrhau hawl y Senedd ym Mae Caerdydd i ddeddfu ar fater yr iaith yn y dyfodol, yn ogystal ag ar faterion eraill sy'n benodol berthnasol i Gymru.

Ydy'r term 'mamiaith' yn arwyddocaol?

Ydy, yn sicr. Mae ystadegau'n dangos bod 1.7% yn fwy o fenywod nag sydd o ddynion yn siarad yr iaith, a bod mwy o obaith o lawer i'r Gymraeg gael ei throsglwyddo i'r plant ar yr aelwyd os mai'r fam sy'n siarad yr iaith mewn teulu dwyieithog. Mewn dosbarthiadau dysgwyr mae'r ganran o fenywod yn 69%, ymhell ar y blaen i'r 31% o ddynion sy'n eu mynychu, mae'n debyg am eu bod mor awyddus i chwarae rhan weithredol yn addysg Gymraeg eu plant.

Mwynhau'r Gymraeg ar yr aelwyd

A WYDDECH CHI?

Y Gymraeg ar ei ffordd i'r gofod

Pytiau difyr am yr iaith a geir yma – rhyw ffeithiau anghyfarwydd a all sbarduno sgwrs neu roi taw ar ddadl. Defnyddiwch nhw i dynnu ambell flewyn o drwyn yr anwybodus, neu i godi gwên ar wynebau'r rhai sy'n ymddiddori yn hynt a helynt y Gymraeg.

Cyfarchiad Cymraeg

Pan lansiwyd Record Aur Voyager yn llong ofod Voyager yn 1977 dewiswyd cyfarchiad yn y Gymraeg yn un o'r 55 iaith i gynrychioli amrywiaeth bywyd ar y ddaear. Y cyfarchiad, sy'n dal yn y gofod yn rhywle, yw 'Iechyd da i chwi nawr ac yn oes oesoedd'.

Wenglish

Yn ystod cyfnod o ddwyieithrwydd rhannol treiddiodd rhai geiriau Cymraeg i dafodiaith Saesneg de Cymru, yn enwedig yn y cymoedd diwydiannol. Yn eu plith mae:

cawl	cariad
ach-a-fi	didoreth
(h)anes	wit wat (chwit chwat)
bwci-bo	milgi(s)
mochyn	*in his oils* (yn ei hwyliau)

Arwyddion

Mae cyfieithiadau chwithig iawn o arwyddion Saesneg yn dal i greu difyrrwch a dicter. Yn eu plith roedd arwydd yng Nghaerdydd yn dweud '*Pedestrians look Left* Cerddwyr edrychwch i'r dde'; a'r arwydd dros dro ar y ffordd i Benarth â'r geiriau rhyfeddol '*Cyclists Dismount* Llid y Bledren Dymchwelyd'.

Uchod: Cyfieithydd ar wyliau
Isod: Arwydd siop ryw ym Mangor

Ieithoedd Celtaidd yn goroesi

Mae cynnydd mawr wedi bod ym myd addysg trwy gyfrwng nifer o'r ieithoedd Celtaidd yn ystod yr ugain mlynedd diwethaf. Yn 2008–09 roedd 63 o ysgolion cynradd yn yr Alban yn dysgu trwy gyfrwng yr iaith Aeleg, a 170 (y tu allan i'r Gaeltacht – y fro Wyddeleg) yn dysgu trwy'r Wyddeleg yng ngogledd a de Iwerddon. Mae un ysgol yn dysgu trwy gyfrwng y Fanaweg ar Ynys Manaw hefyd, a thua pum ysgol feithrin, neu *Moonijer Veggey* – Manaweg i Bobl Bach.

Llyfrau Gaeleg wedi eu haddasu o'r Gymraeg

Ar y ffordd i Lundain bell

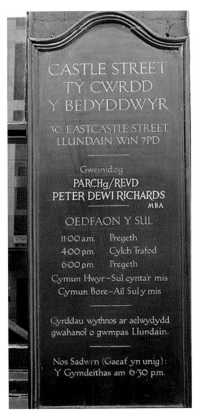

Ar fur tafarn y Drovers' House yn Stockbridge, Hampshire, ceir y geiriau 'Gwair tymherus, porfa flasus, cwrw da a gwal cysurus' i groesawu'r porthmyn o Gymru ar eu ffordd â'u stoc i farchnadoedd Llundain.

Erbyn canol y bedwaredd ganrif ar bymtheg roedd y Cymry'n llifo i gerdded 'palmant aur' y ddinas fawr, nifer ohonynt yn gwerthu llaeth neu ddillad. Sefydlwyd capeli Cymraeg yn Llundain yn y cyfnod hwn, pob un yn ganolbwynt cymdeithasol ac ysbrydol i'r Cymry oddi cartref, ac yn ganolfan lle gellid clywed a defnyddio'r iaith Gymraeg.

YN Y DECHREUAD

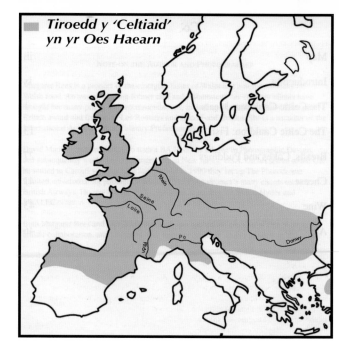

Tiroedd y 'Celtiaid' yn yr Oes Haearn

Mae'r iaith Gymraeg yn perthyn i'r teulu Celtaidd o ieithoedd a heddiw hi yw'r aelod mwyaf bywiog a'r amlaf ei defnydd o ieithoedd y teulu hwnnw. Er bod cryn ddadlau a oedd un bobl Geltaidd yn byw ar draws canol a gorllewin Ewrop cyn cyfnod y Rhufeiniaid, does fawr o le i amau bod y bobl 'Geltaidd' amrywiol hyn yn siarad un iaith ban-Geltaidd gyffredin. Mae enwau afonydd Rhein, Rhôn a Donwy, er enghraifft, yn tarddu o'r iaith Gelteg hon. Coffeir Celtiaid Gâl yn Gallipoli (dinas y Galiaid) yn Nhwrci ac yn Galicia yng ngogledd Sbaen heddiw. Tardda'r iaith Geltaidd gyffredin hon o'r teulu Indo-Ewropeaidd hynafol o ieithoedd.

Rhwng tua 1000 a 600 CC dechreuodd pobl Geltaidd gyrraedd Prydain o'r cyfandir, a daethant â'u crefydd, eu celf unigryw a'u sgiliau gwneud-haearn gwych gyda hwy. Mae'n debyg fod rhyw ffurf ar Gelteg yn cael ei siarad ledled Prydain bryd hynny. Yna, yn ystod y ganrif gyntaf OC, cyrhaeddodd y Rhufeiniaid yr ynys ac am 400 mlynedd darostyngwyd Prydain gan yr Ymerodraeth Rufeinig a'i diwylliant clasurol. Hyd yn oed wedyn, chafodd Iwerddon, gogledd yr Alban na rhannau o Gymru mo'u hintegreiddio'n llwyr i'r Ymerodraeth a goroesodd y Gelteg yn yr ardaloedd hynny. Yn raddol, holltodd y famiaith yn ddau brif deulu newydd o ieithoedd: y Goedeleg – yr esblygodd Gwyddeleg, Gaeleg a Manaweg ohoni, a lle trodd y sain Indo-Ewropeaidd 'kw' yn 'q', ac yn ddiweddarach yn 'c', ynddi; a Brythoneg, lle trodd y 'kw' yn 'p' ac a roddodd inni seiliau Cymraeg, Cernyweg, Cymbrieg a Llydaweg. Felly, mewn ambell enghraifft, mae'r berthynas rhwng yr ieithoedd Celtaidd yn amlwg, dro arall bydd y defnydd o 'q/p' yn pwysleisio'r rhaniad wrth esblygu o'r fam Gelteg.

Yn sgil y Rhufeiniaid daeth yr iaith Ladin i Brydain, ac yn ei thro cyfrannodd hithau at ddatblygiad yr iaith Geltaidd/Frythonig yng Nghymru wedi'r goncwest ac am ganrifoedd wedyn, gan mai hi oedd iaith dysg a'r eglwys Gristnogol gynnar, wedi cwymp yr Ymerodraeth Rufeinig. Ar y cyfan, benthycodd y Brythoniaid eiriau Lladin am bethau anghyfarwydd iddynt, ac am eiriau'n gysylltiedig â'r ffydd Gristnogol, a oedd yn newydd iddynt. Felly, daw pont o'r Lladin *pons*; lleng o *legio*; eglwys o *ecclesia*; llyfr o *liber* a channwyll o *candela*, a defnyddir y ffurfiau hyn yn gyffredin heddiw.

Y berthynas rhwng geiriau sy'n tarddu o'r Gelteg:

Cymraeg	Llydaweg	Gwyddeleg	Gaeleg	Saesneg
tŷ	ti	teach	tigh	house
ci	ki	cu	cu	dog
du	du	dubh	dubh	black
mab / ap		mac / mc		son

DAU YSGOLHAIG MAWR

Syr William 'Oriental' Jones (1746–94)

Mathemategydd, barnwr, polymath, a astudiodd y clasuron, sawl iaith Ewropeaidd, a Hebraeg, Arabeg a Phersieg, ac a wasanaethodd yr Ymerodraeth Brydeinig ym Mengal, yr India, am nifer o flynyddoedd. Yn 1786, gwnaeth ddatganiad enwog, sef bod ieithoedd India ac Ewrop yn tarddu o'r un ffynhonnell – a elwir bellach yn Indo-Ewropeg. Y darganfyddiad hwn oedd sylfaen astudiaethau ieithyddol modern. Yn eironig, ni allai William Jones, er bod ei deulu'n hanu o Ynys Môn, siarad ei famiaith, Cymraeg, ac ymddengys iddo gael ei gyflwyno i Frenin Ffrainc fel 'gŵr sy'n siarad pob iaith ond ei iaith ei hun'.

Edward Lhuyd (1660–1709)

Botanegydd a naturiaethwr, a churadur Amgueddfa'r Ashmolean yn Rhydychen. O ganlyniad i'w waith maes gofalus iawn i hynafiaethau, astudiaethau natur a diwylliant Cymru, a'i deithiau ymchwil yn y gwledydd Celtaidd eraill, ef oedd y cyntaf i ddarganfod y cysylltiadau rhwng canghennau gwahanol y teulu o ieithoedd Celtaidd. Oherwydd ei waith arloesol yn y maes hwn cafodd ei alw yn 'dad ieithyddiaeth gymharol'.

EDWARD LHUYD 1660-1709
IEITHYDD
HYNAFIAETHYDD
NATURIAETHWR

Cerflun y tu allan i Ganolfan Uwchefrydiau Cymreig a Cheltaidd Prifysgol Cymru, Aberystwyth

CYMRAEG CYNNAR

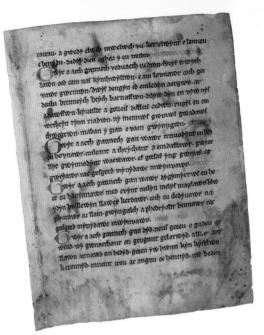

Tudalen o Lyfr Aneirin

Wedi i'r fyddin Rufeinig adael Prydain tua 400, cafwyd cyfnod o newid a chryn ansicrwydd. Roedd 'barbariaid' yn ymosod ar y ffiniau diamddiffyn: yr Eingl a'r Sacsoniaid o'r dwyrain ac ysbeilwyr Gwyddelig o'r gorllewin. Yn y cyfnod hwn câi'r Frythoneg (mamiaith y Gymraeg) ei siarad ledled y rhan fwyaf o dde Prydain ac yn nheyrnasoedd gogleddol Ystrad Clud (Strathclyde), Rheged (ardal Caerliwelydd fodern) a Manaw Gododdin (Caeredin heddiw). Yn raddol esblygodd Brythoneg yn ieithoedd gwahanol. Collwyd sillafau terfynol geiriau Brythonig: aeth *bardos* yn bardd; *mapos* yn mab ac mewn enwau personol, e.e. trodd Cunobelinos yn Cynfelyn.

Yn y cyfamser, dylanwadwyd ar y Gymraeg newydd gynnar hon gan yr Wyddeleg hefyd. Gwelir olion hyn mewn enwau lleoedd fel Llŷn a Dinllaen yng Ngwynedd ac mewn geiriau cyffredin fel 'cerbyd' a 'talcen'. Wrth i'r Eingl-Sacsoniaid dreiddio tua'r gorllewin gan foddi'r siaradwyr Brythoneg cynhenid yn y rhan o'r wlad a elwir yn Lloegr heddiw, cafodd ffiniau tiriogaeth Cymru eu diffinio. Galwai'r Eingl-Sacsoniaid eu cymdogion yn 'Wealas' a roddodd inni 'Welsh' – yn golygu estroniaid neu bobl wedi'u Rhufeineiddio; tra mai 'Cymry' o'r Frythoneg *combroges* – *cyd-wladwyr*, oedd enw'r

Cymry arnynt eu hunain a Chymraeg oedd enw eu hiaith. Gellir dweud bod yr iaith newydd, y Gymraeg, wedi dod i fodolaeth erbyn tua 550.

Prin yw'r dystiolaeth am y Gymraeg gynnar hon ac mae'r dystiolaeth honno'n anodd ei dehongli. Ceir enghreifftiau mewn arysgrifau ar gofebion ac mewn glosau ar ymyl tudalennau dogfennau cynnar. Mae un o'r arysgrifau cynnar pwysicaf ar gofeb garreg yn Nhywyn, Meirionnydd – CINGEN CELEN TRIGET NITANAM sef 'mae corff Cingen yn trigo oddi tani', a chafodd ei chodi tua 810.

Hen Gymraeg

Dyma'r ail gam yn natblygiad y Gymraeg. Mae'r ffynonellau prin sy wedi goroesi'n anodd eu dehongli. Y darn a elwir yn *Surexit*, er enghraifft, yw'r esiampl hysbys gynharaf o Gymraeg gystrawennol ysgrifenedig. Mae'n cofnodi anghydfod am dir ac mae wedi goroesi yn llyfr efengylau Sant Chad. Y testun llenyddol cynharaf sydd wedi goroesi yw'r tri englyn yn llawysgrif *Juvencus*. Caiff hon ei chadw yn Llyfrgell Prifysgol Caergrawnt, ynghyd â'r darn a elwir y *Computus*, traethawd astrolegol yn dyddio o tua 920.

Mae corff sylweddol o lenyddiaeth mewn Hen Gymraeg wedi goroesi mewn llawysgrifau canoloesol cynnar hefyd. Derbynnir yn gyffredinol i'r gerdd hir a elwir *Y Gododdin* gael ei chyfansoddi'n wreiddiol tua 600, er mai i'r drydedd ganrif ar ddeg y perthyn y copi cynharaf ohoni sydd wedi goroesi mewn llawysgrif. Hanes trasig ymosodiadau aflwyddiannus gwŷr o Fanaw Gododdin ar wersyll milwrol yr Eingl yng Nghatraeth sydd yn y gerdd. Bu cyflafan enbyd, gan adael dim ond un o wŷr y Gododdin ac efallai'r bardd, Aneirin, yn fyw ar faes y gad. Mewn llinellau cynnil dwys, megis 'Ac wedi elwch, tawelwch fu', crisielir harddwch syml y gerdd Gymraeg gynnar hon.

Canodd y bardd Taliesin, a oedd yn byw yr un pryd ag Aneirin, gyfres o gerddi mawl i Urien, brenin Rheged, tua 580, ac mae'r rhain hefyd yn rhan o waddol gwaith y Cynfeirdd yn yr iaith Gymraeg. Yn eironig ddigon, perthynant, nid i diriogaeth Cymru ei hun, ond i'r Hen Ogledd, sydd yn yr Alban heddiw.

Fodd bynnag, gellir lleoli cylch o gerddi eraill mewn Hen Gymraeg yn gadarn ar dir Cymru ei hun. Cerddi cysylltiedig â sagâu Llywarch Hen a Heledd tua 800 ydynt. Croniclant ffawd drasig brenhinlin Powys, ac, fel y dywed Janet Davies, 'yn eu hangerdd gochelgar, y maent ymhlith gogoniannau pennaf llenyddiaeth Gymraeg'.

'Y Gododdin' gan yr artist Mary Lloyd Jones, sy'n archwilio hanes maith y Gymraeg mewn llawer o'i gweithiau celf

Cernyweg: Yn 878 syrthiodd teyrnas Cernyw i'r Sacsoniaid, ond goroesodd yr iaith frodorol tan y ddeunawfed ganrif, pan fu farw'r siaradwraig olaf hysbys, Dolly Pentreath. Heddiw, mae cenedlaetholwyr brwd o Gernyw wrthi'n ceisio atgyfodi'r iaith a'r diwylliant brodorol.

Cymbrieg: Erbyn yr unfed ganrif ar ddeg roedd y teyrnasoedd oedd yn siarad Cymbrieg yn ne'r Alban a gogledd-orllewin Lloegr wedi'u dymchwel. Ond erys rhai enwau lleoedd, fel Penrith a Lanark (llannerch yn Gymraeg) i'n hatgoffa o'u gwreiddiau Brythonig cynnar, yn ogystal â'r dull cyfrif defaid a ddefnyddid gan fugeiliaid Cymbria tan yn reit ddiweddar.

Llydaweg: Siaredir Llydaweg gan tua 300,000 o bobl yn Llydaw heddiw. Tan y ddeuddegfed ganrif hi oedd iaith yr uchelwyr yn y rhan hon o Ffrainc, ond yn ystod y canrifoedd diweddar, fe'i hystyriwyd yn iaith answyddogol a'i thrin fel bratiaith israddol. Yn 1977 sefydlwyd ysgolion Diwan i ddysgu Llydaweg trwy drochiad, ond mae ymdrechion i'w hintegreiddio i system addysg y wladwriaeth wedi methu. Mae Llydawyr eraill wedi ymgyrchu am fwy o raglenni Llydaweg ar y cyfryngau, ac am ddefnyddio'r iaith ar arwyddion ffyrdd. Ni chafwyd llawer o lwyddiant, ond yn 2008 cydnabu Ffrainc fod Llydaweg yn iaith o fewn y wlad. Ar hyn o bryd mae'r iaith Lydaweg mewn perygl o gael ei difodi.

Y GYMRAEG YN YR OESOEDD CANOL

Yr Arglwydd Rhys ap Gruffudd, Tywysog y Deheubarth

Ar drothwy'r goncwest Normanaidd, Cymraeg oedd iaith bob dydd mwyafrif y boblogaeth yng Nghymru, ac yn wir yn y tiroedd ffiniol dros Glawdd Offa hefyd. Roedd wedi llwyddo i oroesi ymosodiadau ffyrnig achlysurol y Llychlynwyr bron yn ddianaf, ond roedd goresgyniadau'r Normaniaid yn fwy o her o dipyn. Yn Lloegr, collodd yr iaith Saesneg dir i Ffrangeg Normanaidd fel iaith uchel ei bri yn y llys brenhinol ac mewn uchel-ddiwylliant, cyn iddi adfywio drachefn ddiwedd y drydedd ganrif ar ddeg. Yng Nghymru, roedd arglwyddi Normanaidd a llafurwyr Seisnig wedi ymsefydlu cyn pen dim ar diroedd ffrwythlon Bro Morgannwg, Penrhyn Gŵyr, de Penfro, ar hyd arfordir y gogledd, ac yn y bwrdeistrefi newydd, ac o ganlyniad disodlwyd y Gymraeg gan Ffrangeg a Saesneg yn yr ardaloedd hyn. Yn Rhos a Daugleddau, ym Mhenfro heddiw, plannodd y Brenin Harri I drefedigaeth o Ffleminiaid, gan ddiwreiddio'r brodorion Cymraeg. Yn sgil y mewnlifiad hwn o estroniaid i galondir Cymru, ynghyd â'r drefn o roi a derbyn gwystlon, ac effeithiau rhyfel yn erbyn yr arglwyddi Normanaidd, roedd llawer o'r uchelwyr Cymreig yn siarad sawl iaith yn y cyfnod hwn, ac mae enwau personol fel Hywel Sais ac Elidir Sais yn dyst i hynny.

Ond yn 'Pura Wallia' dan arweiniad y tywysogion brodorol, ac yna'r uchelwyr, roedd mwyafrif y Cymry yn uniaith Gymraeg. Ar ei daith drwy Gymru'n pregethu i ddenu milwyr i ymuno â'r Drydedd Groesgad yn 1188, nododd Gerallt Gymro fod yn rhaid iddynt gyflogi Alexander Cuhelyn, archddiacon Bangor, yn gyfieithydd, i gyfieithu o'r Ffrangeg Normanaidd a'r Lladin i'r Gymraeg.

Yn ystod y cyfnod hwn roedd llenyddiaeth Gymraeg yn llewyrchus iawn a chynhyrchwyd rhai o weithiau rhyddiaith a barddoniaeth gorau'r genedl. Cynhaliwyd yr 'eisteddfod' gyntaf erioed (er na ddefnyddiwyd yr union enw hwnnw arni), gan yr Arglwydd Rhys ap Gruffudd i ddathlu'r Nadolig yn ei gastell carreg newydd yn Aberteifi yn 1176. Un o delynorion llys Rhys ei hun enillodd gadair y cerddor, ond cipiwyd y gadair am y gerdd orau gan fardd o ogledd Cymru. Roedd e, yn ôl pob tebyg, yn un o'r Gogynfeirdd, beirdd y tywysogion Cymreig annibynnol (1100–1282), crefftwyr proffesiynol uchel iawn eu parch, yr oedd eu cerddi cywrain yn fynegiant fformiwläig o fawl i'w noddwyr, neu yn farwnadau iddynt.

Ar ôl cwymp brenhinlin Gwynedd yn yr 1280au, ysgwyddodd yr uchelwyr y cyfrifoldeb o noddi'r 150 o feirdd a oedd yn clera yng Nghymru'r Oesoedd

Canol Diweddar. Mae cannoedd ar filoedd o linellau o farddoniaeth wedi goroesi. Roeddynt yn creu cerddi ar 'raddfa sy'n ymylu at fod yn ddiwydiannol', yn ôl Barry J. Lewis. Mae'r rhain yn adlewyrchu pob agwedd ar fywyd yn ystod yr Oesoedd Canol. Maent wedi'u cyfansoddi mewn cynghanedd, crefft sy'n galw am feistrolaeth anhygoel o'r iaith Gymraeg, yn ogystal ag awen farddonol arbennig i greu cerddi hardd ac unigryw.

Cyrhaeddodd rhyddiaith ei huchelfannau yn ystod yr Oesoedd Canol hefyd. Er bod y casgliad o un ar ddeg o chwedlau a elwir *Y Mabinogion*, yn sôn am dduwiau Celtaidd a chredoau ac arferion hynafol, ac er iddynt gael eu traddodi ar lafar gan gyfarwyddiaid, neu storïwyr proffesiynol, am ganrifoedd lawer, mae'n debyg mai rhwng 1050 ac 1170 y cawsant eu hysgrifennu mewn llawysgrif. Mae arddull gain a hiwmor braf y chwedlau hyn, yn enwedig *Culhwch ac Olwen* a *Phedair Cainc y Mabinogi*, yn dal i swyno darllenwyr heddiw, ac maent wedi'u hatgynhyrchu ar lafar, mewn testunau llenyddol ac mewn cartwnau a llyfrau plant lawer tro.

Yn ystod yr Oesoedd Canol datblygodd yr iaith Gymraeg yn iaith gyfreithiol yn ogystal. Cysylltir y cyfreithiau Cymreig brodorol cynnar hyn gan amlaf â theyrnasiad y brenin Hywel Dda tua 940, ond unwaith eto perthyn y testunau llawysgrif sy wedi goroesi i tua 1250 ymlaen, ac mae ynddynt gyfreithiau cynharach a rhai cyfoes. Roedd y cyfreithiau hyn yn ddeddfau cymunedol cyfiawn, ac y mae'r llu termau cyfreithiol ynddynt yn profi bod yr iaith Gymraeg yn gyfrwng ymarferol, defnyddiol, cymwys a soffistigedig ar gyfer llywodraethu yn ystod yr Oesoedd Canol cynnar. Yn gwbl haeddiannol, ystyrir testunau'r cyfreithiau Cymreig, oherwydd eglurder eu harddull a'u cynnwys, ymhlith creadigaethau mwyaf ysblennydd y diwylliant Cymraeg.

Ceir tystiolaeth bellach am werth ymarferol y Gymraeg yn yr Oesoedd Canol yn y croniclau hanesyddol, er enghraifft *Brut y Tywysogion,* sy'n cofnodi prif ddigwyddiadau hanes Cymru mewn trefn gronolegol. Cyfieithiadau o lawysgrif Ladin wreiddiol a groniclwyd gan fynaich Sistersaidd yw'r llawysgrifau sy wedi goroesi. Gan amlaf mae'r testun yn gynnil a diaddurn, ond weithiau mae'n blodeuo'n huawdl ac yn cofnodi digwyddiadau mawr a bach hanes Cymru gydag empathi, argyhoeddiad ac asbri.

Roedd nifer o dafodieithoedd yn cael eu siarad yn y cyfnod hwn. Yn ei *Ddisgrifiad o Gymru*, yn 1194, nododd Gerallt Gymro rinweddau cymharol y prif rai (yn ei farn ef):

> Y mae'n werth sylwi, hefyd, yr haerir bod yr iaith Gymraeg yn fwy dillyn, yn goethach, ac yn fwy canmoladwy yng Ngogledd Cymru i'r un graddau ag y mae'r wlad hon â llai o estroniaid yn gymysg â hi. Er hynny, tystia llawer iawn mai ardal Ceredigion yn y Deheubarth, a'i safle megis yng Nghanol a pherfedd Cymru, a ddefnyddia'r iaith arbenicaf, a mwyaf canmoladwy.

Cymathwyd sawl gair Saesneg a Ffrangeg Normanaidd i'r Gymraeg yn ystod yr Oesoedd Canol; yn eu plith *barwn* a *cwrsi* (hances) o'r Ffrangeg Normanaidd a *bwa* a *dug* o'r Saesneg.

Cydnabyddir bod Dafydd ap Gwilym (yn ei flodau 1330–50) ymhlith beirdd gorau'r iaith Gymraeg a

Hywel Dda, Brenin Cymru gyfan tua 940

Cerfiadau'n dangos golygfeydd o'r Mabinogion gan Paul Forder.
Mae'r ddau yma, sy'n dangos Pryderi a'i foch a rhan o stori Pwyll
a Rhiannon, i'w gweld ym Mhlas Rhos-y-gilwen, Sir Benfro

beirdd gorau Ewrop. Dengys ei gerddi, am fyd natur a chariad yn fynych, gyfoeth a bywiogrwydd yr iaith Gymraeg yn yr Oesoedd Canol. Yn y dyfyniad hwn, disgrifia gyrraedd tafarn wledig a syrthio mewn cariad â merch hardd:

> Deuthum i ddinas dethol
> A'm hardd wreangyn (was bach) i'm hôl …
> Llety urddedig ddigawn
> Cyffredin, a gwin a gawn.
> Canfod rhiain addfeindeg
> Yn y tŷ, mau enaid teg.
> Gwneuthur, ni bu segur serch,
> Amod dyfod at hoywferch
> Pan elai y minteioedd
> I gysgu; bun aelddu oedd.
>
> (o 'Trafferth mewn Tafarn')

Yn raddol, yn ystod yr Oesoedd Canol Diweddar, ac er gwaetha gallu'r iaith i addasu ar gyfer pob agwedd ar fywyd, dechreuodd cyfreithiau Seisnig ddisodli'r hen gyfreithiau Cymreig, a dechreuwyd ystyried y Gymraeg yn gyfrwng hytrach yn israddol ar gyfer gweinyddiaeth a materion eglwysig. Yn ystod gwrthryfel mawr Owain Glyndŵr (1400–15) ceisiwyd gwrth-droi'r duedd hon. Hawliodd Polisi Pennal yn 1406, polisi a oedd yn cyhoeddi rhai o

Uchod: Tudalen o Peniarth 28, llawysgrif o'r cyfreithiau Cymreig
Isod: Dehongliad modern o Gyfreithiau'r Gwragedd gan yr artist Peter Lord yng Nghanolfan Hywel Dda, Hendy-gwyn

brif nodweddion gwladwriaeth Gymreig annibynnol, y dylai holl glerigwyr Cymru (a wasanaethai fel clercod yn ogystal) fod yn hyddysg yn y Gymraeg.

Tipyn
o'r
Hanes

Y DDEDDF UNO A'I CHANLYNIADAU

Os gorfoleddodd y Cymry pan goronwyd un ohonynt, Harri Tudur neu Harri VII, yn Frenin Lloegr a Chymru yn 1485, daeth gwawr yr Oes Duduraidd â bendithion cymysg i'r iaith Gymraeg. Trodd y bonedd eu golygon fwyfwy am anrhydeddau a dyrchafiad at y llys Tuduraidd yn Llundain, a dechreuodd y cyswllt rhwng y beirdd brodorol a'u noddwyr uchelwrol edwino. O fewn canrif, roedd y beirdd proffesiynol yn prinhau, a bellach y bonedd llai, y crefftwyr a'r werin, neu'r

bobl gyffredin, oedd gwarchodwyr yr iaith. I 'ddod ymlaen yn y byd' mabwysiadodd llawer o Gymry arferion Seisnig, yn enwedig ar gyfer eu cyfenwau. Y traddodiad yng Nghymru oedd galw dyn ar ôl ei dad; er enghraifft Rhodri ap Huw neu yn ôl rhyw nodwedd gorfforol arbennig, fel Dafydd Foel neu Ieuan Tew. Ond yn ystod yr unfed ganrif ar bymtheg aeth yr arferion hyn allan o ffasiwn ac aeth cyfenwau'r Cymry yn fwyfwy Seisnig.

Yna, gyda phasio Deddf Uno 1536, yn ystod

ROTARY PHOTO. E C   "THE NATIONAL PAGEANT OF WALES."   PHOTO COPYRIGHT, C. CORN, CARDIFF.
INTERLUDE V. SCENE 3.
HENRY VIII. AND THE ACT OF UNION BETWEEN ENGLAND AND WALES, A.D. 1535.

Y Ddeddf Uno fel y cafodd ei phortreadu ym Mhasiant Cenedlaethol Cymru, Caerdydd, 1909

Gwawdiodd y gramadegydd a'r dyneiddiwr, Gruffydd Robert, agwedd ffroenuchel newydd y Cymry Tudurgar at eu hiaith eu hunain. Yn 1567 ysgrifennodd o ddiogelwch alltudiaeth grefyddol ym Milan:

> Canys chi a gewch rai yn gyttrym (cyn gynted) ag y gwelant afon Hafren, neu glochdai Amwythig, a chlywed Sais yn dweud unwaith "Good morrow", a ddechreuant ollwng y Gymraeg dros gof, a siarad llediaith … oblegid hynny yr wyf yn annog i bob Cymro naturiol dalu cariad dyledus i'r iaith Gymraeg.

Pont Hafren yn cysylltu Cymru â Lloegr

teyrnasiad Harri VIII, cafodd statws y Gymraeg ei danseilio'n sylfaenol. Yr oedd y Ddeddf ei hun yn rhoi hawl i'r Cymry fwynhau'r un breintiau, o dan gyfraith Lloegr, â'u cymdogion '*as a Member and joint of the same*'; ond, er mwyn sicrhau unffurfiaeth o fewn y deyrnas, penderfynwyd bod angen dileu '*all and singular the sinister Usuages and Customs differing from the same …*' hefyd. Ymhlith y '*sinister usuages*' hynny yr oedd defnydd swyddogol o'r iaith Gymraeg. O hyn ymlaen, felly, roedd yn rhaid i'r llysoedd cyfreithiol gynnal eu holl weithgareddau yn yr iaith Saesneg, ac roedd yn rhaid i holl swyddogion y llysoedd hynny fod yn rhugl yn y Saesneg er mwyn gweinyddu'r ddeddfwriaeth yn effeithiol.

Yn y modd hwn, heb unrhyw ddadl na thrafodaeth hyd yn oed, pasiwyd y 'cymal iaith' atgas gan senedd Lloegr. Mae'n debyg nad oedd y brenin na Thomas Cromwell, pensaer y Ddeddf, wedi bwriadu i'r cymal hwn fod yn gyfrwng i ddifodi'r iaith Gymraeg. Y bwriad yn syml oedd sicrhau unffurfiaeth a sefydlogrwydd yn y deyrnas, er mwyn eu galluogi i basio deddfau a fyddai'n gorfodi'r bobl i dderbyn y Diwygiad Protestannaidd. Ond roedd effaith y 'cymal iaith' yn llawer mwy arwyddocaol a phellgyrhaeddol na hynny. Doedd gan yr iaith Gymraeg ddim statws swyddogol yn llysoedd y wlad mwyach nac ychwaith ymhlith ei phobl ei hun. Fel y dwedodd yr hanesydd, Gwyn A. Williams, yn ei ddull dihafal, 'Peidiodd yr iaith Gymraeg â bod yn iaith swyddogol a bu'n rhaid iddi encilio i'r gegin'; o hyn ymlaen, o safbwynt swyddogol, byddai'n iaith eilradd. Mae hanes yr iaith Gymraeg ar ôl 1536 yn bennaf yn hanes yr ymdrech i wrth-droi'r sefyllfa hon ac i adennill statws swyddogol i'r iaith. Byddai cenedlaethau'r dyfodol yn dehongli'r dasg honno mewn ffyrdd gwahanol iawn.

BEIBL I BAWB O BOBL Y BYD

Cyfieithu'r Ysgrythurau i'r Gymraeg

Yn ystod teyrnasiad Harri VIII collodd yr Eglwys Gatholig yn Lloegr a Chymru ei grym a sefydlwyd Protestaniaeth yn grefydd swyddogol y wlad. Yn sgil hyn, câi'r gwasanaethau eglwysig eu cynnal yn Saesneg, yn hytrach nag mewn Lladin canoloesol, a chyfieithwyd y Beibl a'r Llyfr Gweddi Cyffredin i'r Saesneg. Ond ni ellid cymathu'r Cymry yn yr eglwys newydd Brotestannaidd hon mor rhwydd. Roedd y litwrgi Lladin yn annwyl a chyfarwydd i'r Cymry, ond ni allent ddeall gair o'r gwasanaethau Saesneg. Dechreuodd rhai o'r arweinwyr eglwysig ofni gwrthryfel ac anundeb yng Nghymru. Dyma pam y penderfynodd grŵp bychan o ddyneiddwyr Protestannaidd Iobïo'r Frenhines Elizabeth I a'i senedd, gan ddadlau y byddai o fantais fawr pe gellid cyfieithu'r ysgrythurau i'r Gymraeg. Dadleuent y byddai'r Cymry 'yn gwbl amddifad o Air Sanctaidd Duw … ac yn parhau mewn gwaeth tywyllwch ac anwybodaeth nag yr oeddynt yn y cyfnod Pabyddol' os na chaent yr ysgrythurau yn eu hiaith eu hunain.

Felly, yn 1563, pasiodd y senedd ddeddf i gyfieithu'r ysgrythurau i'r Gymraeg. O

fewn pedair blynedd yr oedd y Testament Newydd a'r Llyfr Gweddi Cyffredin yn barod. Nododd y ddeddf hefyd y dylid gosod y cyfieithiad Cymraeg newydd ochr yn ochr â'r fersiwn Saesneg yn yr eglwysi plwyf ledled Cymru, fel y gallai'r Cymry gymharu'r testunau a dysgu Saesneg yn gynt.

William Salesbury a Richard Davies, esgob Tyddewi, oedd prif symbylwyr y Ddeddf a'r cyfieithwyr pennaf. Yn anffodus, er hynny, er mai William Salesbury oedd ysgolhaig Cymraeg gorau ei genhedlaeth, a'r un a sylweddolai orau bwysigrwydd sicrhau 'yr ysgrythurau yn eich iaith', roedd ei gyfieithiad yn idiosyncratig ac yn anodd ei ddarllen. Yn ôl yr hanes, pan oedd Salesbury a Davies wrthi'n gweithio ar gyfieithu gweddill y Beibl, anghytunodd y ddau ynglŷn ag ystyr un gair a daeth y bartneriaeth i ben.

Stampiau o'r flwyddyn 1988 i goffáu cyfieithu'r Beibl i'r Gymraeg

Cwblhawyd y dasg feichus o gyfieithu'r Beibl cyfan gan William Morgan, ficer Llanrhaeadr-ym-Mochnant. Yn hanes Lloegr mae'r flwyddyn 1588 yn flwyddyn coffáu gorchfygu Armada Sbaen, ond yn hanes Cymru mae'n flwyddyn bwysig hefyd, oherwydd mai dyma pryd y cwblhaodd William Morgan ei gyfieithiad ac y cyhoeddwyd y fersiwn Cymraeg o'r Beibl. Er i Morgan fanteisio llawer ar ysgolheictod arloesol Salesbury, yr oedd ef ei hun yn ysgolhaig gwych mewn Hebraeg, Lladin a Groeg ac roedd wedi'i drwytho yn nhraddodiad barddol Cymru. Cyfunodd ei gyfieithiad yr elfennau hyn, ac yr oedd ei gyfraniad, fel y tystiodd ei gyd-Brotestant Morris Kyffin yn 1595, yn 'waith angenrheidiol, gorchestol, duwiol, dysgedig; am yr hyn ni ddichon Cymru fyth dalu a diolch iddo gymaint ag yr haeddodd ef'.

Ac felly, yn ystod yr union ganrif pan ddeddfwyd bod y Gymraeg yn iaith answyddogol, a phan oedd y traddodiad barddol canoloesol cyfoethog yn gwanychu, ni ellir gorbwysleisio na gorganmol cyfraniadau dyneiddwyr Cymreig yr unfed ganrif ar bymtheg – yn ysgrifennu, cyfieithu, a chyhoeddi llyfrau crefyddol a llyfrau eraill yn yr iaith Gymraeg. Rhoddodd Beibl Cymraeg 1588 yn arbennig safon ysblennydd a phur i'r iaith ysgrifenedig, safon a fyddai'n sylfaen gadarn i holl weithgareddau llenyddol y canrifoedd dilynol, gan helpu i rwystro'r iaith rhag chwalu yn nifer o dafodieithoedd digyswllt.

Cofeb William Morgan a chyfieithwyr eraill y Beibl yn Llanelwy

William Morgan

Gwelai ef nad oedd y Gymraeg ond tafodiaith gyffredin
    Ffair, fferm, baled a thelyn a thôn;
Ac na allai'r tafod a barablai ym marchnadoedd Mynwy
    Ddeall y tafod gyddfol ym marchnadoedd Môn.

Canmolwn ef am ei ddygnwch, ei ddewrder a'i santeiddrwydd
    Ac am ei gymorth i gadw'r genedl a'r iaith lenyddol yn fyw,
Gan roddi arni yr urddas ac iddi'r anrhydedd uchaf
    Wrth ei throi yn un o dafodieithoedd Datguddiad Duw.

D. Gwenallt Jones (1899-1969)

PREGETHWYR A BREUDDWYDWYR

Baner Ysgol Sul o Drecynon, ac arni 'Y Bugail Da'

Wedi cyfieithu'r ysgrythurau i'r Gymraeg, roedd mwyafrif y Cymry yn Brotestaniaid pybyr ac yn mynychu gwasanaethau Eglwys Loegr. Ond roedd twf hefyd yn niferoedd yr Anghydffurfwyr, a heriai'r drefn eglwysig newydd, yn enwedig yn sgil cyhoeddi erthyglau'r merthyr John Penri (m.1593) o Sir Frycheiniog. Er bod Penri o blaid defnyddio'r Saesneg, roedd yn deall hefyd nad oedd yn ymarferol ennill pobl uniaith at unrhyw grefydd, heb gyfathrebu â hwy yn eu hiaith eu hunain.

Rhoddodd agwedd o'r fath hwb i sectau anghydffurfiol fel y Bedyddwyr a'r Annibynwyr. Er mai yn Lloegr yr oedd gwreiddiau'r sectau hyn, yng Nghymru roedd eu dilynwyr yn cydnabod arwyddocâd y Gymraeg yn y frwydr i geisio ennill eneidiau eu cyd-Gymry. Yn yr un modd, roedd arweinwyr a phregethwyr mawr Diwygiad Methodistaidd y ddeunawfed ganrif yn frwd i ennill dilynwyr trwy gyfrwng yr iaith Gymraeg. Trwy'u pregethau tanbaid, brwdfrydig, cyflwynodd y rhain ffurf safonol, gyffredin o Gymraeg llafar o'u pulpudau. Byddai'r ffurf hon yn codi uwchlaw y tafodieithoedd lleol, ac yn sicrhau bod rhyddiaith odidog y Beibl yn dod yn rhan o dreftadaeth eu dilynwyr. Crisialai emynau cain William Williams, Pantycelyn, ddysgeidiaeth y Methodistiaid, ac ymhen amser daethant yn eiconau'r iaith Gymraeg.

Yr angen i ennill eneidiau'r Cymry oedd yn sbarduno gweithgareddau'r ymgyrchwyr cynnar dros addysgu'r werin hefyd. Sefydlodd yr ymddiriedolaethau addysgol hyn ysgolion gwirfoddol i ddysgu'r Cymry i ddarllen yr ysgrythurau. Ond wnaethon nhw ddim sylweddoli na allai'r fath gymhelliad lwyddo ond trwy gyfrwng yr iaith Gymraeg. Yn y cyswllt hwn, roedd ysgolion cylchynol Griffith Jones, Llanddowror yn sylfaenol wahanol. Anogwyd dynion, menywod a phlant o bob oedran i fynychu'r ysgolion dros dro hyn i ddysgu darllen yr ysgrythurau – ond y tro hwn trwy gyfrwng y Gymraeg. Honnir bod y mudiad hwn

O ble ddaeth hwnna? Doedd e ddim yna ddoe, oedd e?

wedi dysgu 160,000 o blant a thua 300,000 o oedolion i ddarllen erbyn 1760. Er bod y niferoedd hyn wedi'u gorliwio efallai, mae hi'n eithaf posibl fod y rhan fwyaf o oedolion yng Nghymru yn llythrennog yn y Gymraeg erbyn diwedd y ddeunawfed ganrif – gorchest gwbl anhygoel a ddenodd edmygedd Catrin Fawr o Rwsia. Yn y bedwaredd ganrif ar bymtheg daeth yr ysgolion Sul i barhau â'r gwaith gorchestol hwn, gan gynnal y lefel uchel hon o lythrennedd yn y Gymraeg ymysg y werin bobl.

Yr oedd yr iaith, felly, yn llewyrchu fel cyfrwng addoliad a defosiwn crefyddol. O safbwynt llenyddol, hefyd, yr oedd y werin yn mynd yn fwy a mwy cyfrifol am ei chynnal, trwy'r llu baledi, anterliwtiau, almanaciau a hen benillion telyn a gâi eu cynhyrchu ganddynt.

Ni chafodd y traddodiad barddol clasurol ei adfywio tan ganol y ddeunawfed ganrif. Yn sgil hynny, gwelwyd awydd i atgyfodi eisteddfodau. Roeddynt wedi dirywio yn gystadlaethau tafarn swnllyd ac afreolaidd. Penderfynodd cymdeithas o Gymry-Llundain, y Gwyneddigion, noddi'r hyn sy'n cael ei chyfrif bellach yr eisteddfod fodern gyntaf. Cafodd ei threfnu gan Thomas Jones yng Nghorwen yn 1789. Dair blynedd yn ddiweddarach, sefydlodd a

chynhaliodd Edward Williams, neu Iolo Morganwg, y ffugiwr mawr a'r athrylith egsotig, ei seremoni dderwyddol ffantastig, Gorsedd y Beirdd, ar Fryn y Briallu yn Llundain. Er bod y seremoni ryfeddol hon wedi'i seilio ar gelwydd, a feithrinwyd yn nychymyg ffrwythlon Iolo, pan gafodd ei himpio ar yr eisteddfod yng Nghaerfyrddin yn 1819, cafodd ei derbyn fel seremoni ddilys. Llwyddodd Iolo i roi i'r Cymry sefydliad cenedlaethol unigryw a lliwgar, un yr oedd arnynt ei wir angen. Byddai'n profi'n drysor i'r diwylliant Cymraeg drwy'r cyfnodau heriol ac anodd i ddod.

Hen benillion

Mi ddarllenais ddod o rywfodd
I'r byd hwn wyth ran ymadrodd,
Ac i'r gwragedd, mawr lles iddynt,
Fynd â saith o'r wythran rhyngddynt.

Mae 'nghariad eleni fel gwynt o flaen glaw,
Yn caru'r ffordd yma a charu'r ffordd draw.
Ni châr cywir galon yn gariad ond un;
Y sawl a gâr lawer gaiff fod heb yr un.

Gorsedd y Beirdd: dyfeisiwyd y seremoni gan Iolo Morganwg, ac mae'n dal i ffynnu yn yr unfed ganrif ar hugain

Y CHWYLDRO DIWYDIANNOL

Gweithfeydd Haearn Dowlais gan George Childs

Bu'r bedwaredd ganrif ar bymtheg yn gyfnod cwbl allweddol i'r iaith Gymraeg. Ar ddechrau'r ganrif siaradai mwyafrif y Cymry'r Gymraeg fel iaith bob dydd, ac ymddengys bod hanner miliwn ohonynt yn uniaith Gymraeg. Roedd hwn yn gyfnod o dwf enfawr yn y boblogaeth, ac o ddegawd i ddegawd mae'n debyg i niferoedd absoliwt y siaradwyr Cymraeg gynyddu'n sylweddol. Yr oedd yn gyfnod hefyd pan gafwyd shifft yn y boblogaeth. Denodd datblygiad anorfod y chwyldro diwydiannol, yn enwedig yn y gweithfeydd haearn, heidiau o weithwyr amaethyddol i chwilio am fyd gwell yn ne-ddwyrain Cymru. Datblygodd tref fel Merthyr Tudful, y fwyaf yng Nghymru yn 1830, gyda phoblogaeth o 30,000, yn gartref i boblogaeth hyfyw o siaradwyr Cymraeg. Caniataodd y cynnydd yn y boblogaeth i'r Gymraeg ddatblygu'n iaith ddiwydiannol a threfol. Felly gwladychodd y Cymry eu gwlad eu hunain; doedd dim rhaid iddynt symud o'r wlad i ddarganfod gwaith a sefydlogrwydd, er i nifer da ohonynt fynd i chwilio am 'fyd gwell' yng Ngogledd America ac Awstralia yn ddiweddarach. Roedd y sefyllfa hon yn hollol wahanol i'r hyn ddigwyddodd yn Iwerddon. Yno, dioddefwyd colledion enfawr o blith siaradwyr yr iaith Wyddeleg yn sgil y marwolaethau a'r allfudo eang yn dilyn Newyn Mawr 1845.

Bu canol y ganrif yn gyfnod llewyrchus iawn i'r wasg argraffu yng Nghymru. Roedd gan bob enwad crefyddol o leiaf un cylchgrawn misol Cymraeg, a gallai'r papur newydd, *Baner ac Amserau Cymru*, a argraffwyd am y tro cyntaf yn 1859, hawlio 50,000 o ddarllenwyr ddwywaith yr wythnos. Cafwyd noddwyr newydd i'r diwylliant Cymraeg ymhlith y boneddigion. Yng Ngwent, hyrwyddodd Augusta Hall, Arglwyddes Llanofer, y traddodiad eisteddfodol yn frwd, a chyhoeddodd yr Arglwyddes Charlotte Guest o Gastell Cyfarthfa, gyda chymorth yr ysgolhaig Carnhuanawc, gyfieithiad Saesneg o'r chwedlau clasurol – y Mabinogion.

Augusta Hall

Cyfansoddodd y tad a'r mab, Evan a James James o Bontypridd, gân wladgarol, *Hen Wlad fy Nhadau*, yn 1865, a mabwysiadwyd hi, ymhen amser, yn Anthem Genedlaethol Cymru. Efallai fod llinell olaf yr anthem hardd hon, *'O bydded i'r hen iaith barhau'*, yn rhag-weld y dyddiau du a oedd ar y trothwy i'r Gymraeg.

Roedd hwn yn gyfnod o anniddigrwydd cymdeithasol ac economaidd yng Nghymru: gwrthdystiad Merthyr yn 1831, gwrthryfel y Siartwyr yng Nghasnewydd yn 1839 a therfysgoedd Merched Beca yng nghefn gwlad yn 1839–43. Un gŵyn gyson ymhlith y terfysgwyr hyn oedd fod bwlch enfawr rhwng y meistri haearn a glo, y landlordiaid a'r ynadon Seisnig a Saesneg ar y naill law, a mwyafrif y gweithwyr a'u teuluoedd, Cymraeg eu hiaith, ar y llaw arall. Gallai'r gwahaniaeth ieithyddol hwn lesteirio gweinyddu'r gyfraith. Câi achosion eu cynnal mewn iaith nad oedd y diffynyddion yn ei deall bron, ac roedd y drefn o ddarparu cyfieithwyr llys yn gwbl fympwyol. Mae'n siŵr y byddai'r terfysgwyr gwerinol wedi defnyddio'r Gymraeg i gynllwynio'u gwrthryfeloedd hefyd. Does ryfedd fod yr ynadon yn credu bod y Gymraeg yn iaith hyrwyddo gwrthryfel a chwyldro. Câi agweddau negyddol o'r fath effaith ddifrifol ar yr iaith yn ystod y blynyddoedd canlynol.

Uchod a chanol: Dathlu'r Anthem Genedlaethol trwy gyfrwng celf a chrefft
Isod: Cerflun i goffáu'r cyfansoddwyr ym Mhontypridd

BRAD Y LLYFRAU GLEISION

Yn sgil terfysg yr 1830–40au, galwodd William Williams, AS Coventry, ond yn wreiddiol o Lanpumsaint, Sir Gaerfyrddin, ar y llywodraeth i ymchwilio i gyflwr addysg yng Nghymru, ac 'yn arbennig i'r modd y gallai'r dosbarth gweithiol gael gwybodaeth am yr iaith Saesneg'. Felly, yn 1846, sefydlwyd comisiwn ac apwyntiwyd tri bargyfreithiwr o Loegr, Anglicaniaid dibrofiad ond egnïol, i gasglu tystiolaeth a chynhyrchu'r adroddiad hwn. Yn eu tro, roedden nhw'n dibynnu ar glerigwyr Anglicanaidd a mân-fonedd i weithredu fel clercod ac ymchwilwyr ar eu rhan.

O safbwynt addysgol, cyflawnwyd y brîff yn foddhaol. Tynnwyd sylw at ddiffygion difrifol adeiladau ac adnoddau'r 'ysgolion', a gâi eu rhedeg yn bennaf gan y Gymdeithas Genedlaethol a'r Gymdeithas Frytanaidd a chan fentrau preifat, a hefyd at ddiffyg hyfforddiant a gwybodaeth yr athrawon. Canmolwyd rhai o'r ysgolion, a chafodd safonau'r Ysgolion Sul eu cymeradwyo, ar y cyfan.

Yn anffodus, er hynny, aeth y comisiynwyr ymhell y tu hwnt i'w brîff gwreiddiol. Penderfynasant fod ganddynt hawl i fynegi'u barn am bobl na allent eu deall ac am ffordd o fyw a oedd y tu hwnt i'w hamgyffred. Honnwyd bod merched Cymru, nid yn unig yn flêr a budr ond yn anniwair, a barnwyd yr Anghydffurfwyr am swcro'r fath anfoesoldeb. At hyn, ensyniwyd mai'r iaith Gymraeg oedd gwreiddyn y drwg hwn i gyd. Fflangellwyd yr athrawon am eu diffyg meistrolaeth o'r Saesneg a gwnaethpwyd sawl sylw difrïol am werth a statws yr iaith.

Bydd ambell enghraifft yn ddigon: am Thomas Jones, athro yn ysgol Cilcain, Sir y Fflint, dwedwyd: 'Mae ei wybodaeth ef o'r Saesneg mor brin fel y bu'n rhaid cyfieithu fy nghwestiynau i'r Gymraeg …' ac mewn rhan arall o'r adroddiad honnodd un comisiynydd, 'Yn fy ardal i mae iaith ryfedd, sy'n ynysu mwyafrif y bobl oddi wrth haen uwch y gymdeithas … mae'i iaith yn ei gadw e (y Cymro) o dan hatshis (yn ei gartref diwydiannol newydd) … iaith amaethyddiaeth a diwinyddiaeth hen ffasiwn ydyw, ac iaith bywyd gwledig syml, tra bod y byd o'i gwmpas i gyd yn Saesneg …'

Ystyrid y Gymraeg ganddynt, felly, yn iaith addas ar gyfer yr aelwyd a'r capel, ond heb amheuaeth 'i ddod ymlaen yn y byd' roedd yn rhaid bod yn rhugl yn y Saesneg a throi cefn ar y Gymraeg. Brysiodd llawer (yn eu plith clerigwyr Anglicanaidd adnabyddus) i geisio gwrthbrofi casgliadau'r adroddiad, ac erbyn 1854, roedd wedi'i fedyddio yn 'Frad y Llyfrau Gleision'.

Ond teimlai llawer o'r Cymry gywilydd dwfn oherwydd y casgliadau hyn. Ym maes moesoldeb, ymdrechodd y Cymry i brofi bod merched Cymru yr un mor barchus a phur â'u cymdogion hunangyfiawn. O safbwynt addysgol cafodd yr adroddiad effeithiau pellgyrhaeddol a negyddol iawn. Roedd yr honiad 'na allech gael hyd i un rhiant, hyd yn oed yn y rhannau mwyaf Cymraeg o Gymru, na fyddai eisiau i'w blentyn ddysgu Saesneg yn yr ysgol', yn wir, mae'n debyg. Ond wedi'r cyfan, rhaid cofio mai dyma gyfnod twf aruthrol yr Ymerodraeth Brydeinig, pan oedd Saesneg yn cael ei gorfodi ar holl drefedigaethau Lloegr ledled y byd. Doedd gan ei chymydog agosaf, Cymru fach, fawr o obaith i hyrwyddo'i hiaith yn erbyn y fath Lefiathan ar riniog ei drws. Adlewyrchai agwedd o'r fath farn golygydd y *Times* (1866), a syniai mai'r iaith Gymraeg oedd 'melltith Cymru', a'i bod yn rhwystro'r bobl rhag datblygu'n ddeallusol ac economaidd. Yn drasig, yn ystod y cyfnod allweddol hwn yn natblygiad ieithyddol y genedl, nid oedd gan unrhyw un y weledigaeth i ddirnad bod yma gyfle euraid i hyrwyddo manteision addysg ddwyieithog.

Yn 1861, cyflwynodd y 'Côd Diwygiedig' wobrau ariannol i ysgolion os gallent brofi i arolygwyr eu bod yn gwella safonau darllen ac ysgrifennu eu disgyblion yn yr iaith Saesneg. Trwy hyn, a thrwy ddylanwad Deddf Addysg 1870, aeth addysg elfennol yng Nghymru yn fwyfwy Seisnig ei gynnwys a'i ethos, a gwthiwyd yr iaith Gymraeg i'r cyrion.

Mae dyfyniad o lyfr lòg Ysgol Frytanaidd Tywyn ar gyfer Dydd Gwener 13 Awst, 1863 yn nodi (yn Saesneg):

'Rwy'n methu dirnad pa ffordd sydd orau i'w chymryd i atal y plant yn gyffredinol rhag siarad Cymraeg. Heddiw, rwyf wedi cyflwyno'r '*Welsh Stick*' i bob un o'r Dosbarthiadau, a bydd y plentyn olaf i'w chael yn gorfod aros i mewn am hanner awr ar ôl oriau'r Ysgol.'

Tair miliwn o siaradwyr dwyieithog …

Sefydlwyd 'Cymdeithas yr Iaith Gymraeg' yn 1885 gan Dan Isaac Davies, Arolygwr Ysgolion ym Morgannwg. Roedd ei fwriad – cynhyrchu tair miliwn o siaradwyr dwyieithog erbyn 1985 – yn ddiffuant, er bod y Gymraeg i'w chyflwyno i'r cwricwlwm cynradd er mwyn gwella gafael y disgyblion ar y Saesneg, yn bennaf. Bu farw'r arloeswr hwn yn fuan wedyn a daeth y gymdeithas i ben.

Roedd adroddiad addysg 1847 wedi crybwyll, ond nid oedd wedi cymeradwyo, defnyddio'r 'Welsh Not' neu'r 'Welsh Stick' fel dull i gosbi disgyblion anufudd a fynnai ddefnyddio'u hiaith eu hunain yn yr ysgol. Yn ystod ail hanner y bedwaredd ganrif ar bymtheg roedd y 'Welsh Not' yn cael ei ddefnyddio mewn sawl ysgol, yn enwedig yng ngorllewin Cymru. Darn o bren â'r llythrennau W.N. (neu Welsh Not) arno ydoedd, a châi'i basio o un disgybl a glywid yn siarad Cymraeg i'r llall. Ar ddiwedd y dydd neu'r wythnos cosbid y disgybl oedd yn gwisgo'r darn pren â'r gansen. Câi fersiynau tebyg eu defnyddio yn Iwerddon, Llydaw a Kenya er mwyn codi cywilydd ar y plant a siaradai'u hiaith frodorol yn yr ysgol. Yng Nghymru roedd yn annog disgyblion i ysbïo ar ei gilydd ac yn eu dysgu i gredu mai iaith eilradd oedd y Gymraeg.

Dylanwadodd stigma'r Welsh Not ar O. M. Edwards o Lanuwchllyn, Sir Feirionnydd. Ysgrifenna'n angerddol am ei gasineb at yr arfer. Felly, pan ddyrchafwyd ef yn Brif Arolygwr ysgolion Cymru yn 1907, sicrhaodd fod dysgu'r Gymraeg a dysgu trwy gyfrwng y Gymraeg yn cael eu hybu ac yn dod yn norm yn ysgolion cynradd y bröydd Cymraeg.

Uchod: O. M. Edwards, arloeswr addysg Gymraeg

Isod: Protest o flaen y Swyddfa Gymreig yng Nghaerdydd, 1983, rhan o'r ymgyrch o blaid addysg cyfrwng Cymraeg

Patagonia

Tra bod llawer o Gymry yn credu cyhuddiadau'r Llyfrau Gleision, penderfynodd rhai gwladgarwyr allfudo i sefydlu trefedigaeth Gymraeg dramor. Symudodd llawer i Ogledd America ond gwelsant ei bod yn anodd iawn cadw'u hunaniaeth genedlaethol yn eu cartref newydd. Felly, yn 1865, trwy berswâd a phenderfyniad Michael D. Jones o'r Bala, hwyliodd 163 o bobl am Batagonia yn yr Ariannin, i geisio sefydlu trefedigaeth i'w llywodraethu eu hunain, trefedigaeth a fyddai'n rhedeg ei holl weithgareddau trwy gyfrwng y Gymraeg. Câi plant Patagonia, felly, addysg gyflawn drwy gyfrwng y Gymraeg yn ystod ail hanner y bedwaredd ganrif ar bymtheg. Er gwaetha'r caledi anhygoel, llwyddodd y Wladfa, ond collodd yr iaith ei thir yn raddol i Sbaeneg swyddogol yr Ariannin. Yn ystod y blynyddoedd diwethaf, mae diddordeb yn yr iaith wedi adfywio, gyda Phatagoniaid ifanc yn ymweld â Chymru i ddilyn dosbarthiadau Cymraeg, a chyrsiau iaith yn cael eu trefnu yng Nghwm Hyfryd a Chubut ym Mhatagonia.

Uchod: Taith o Aberystwyth i Ogledd America
Yn y canol: Y Mimosa, ar ei ffordd i Batagonia
Isod: Cychwyn am y capel, y Gaiman, Patagonia

Glowyr, gyda niferoedd cynyddol ohonynt yn fewnfudwyr

LLANW A THRAI

Gwelwyd llanw a thrai yn hynt a helynt yr iaith Gymraeg yn ystod degawdau olaf y bedwaredd ganrif ar bymtheg. Unwaith eto, bu twf sylweddol yn y boblogaeth ac felly yn niferoedd y siaradwyr Cymraeg. Ond bellach nid oedd modd diwallu trachwant eithriadol y diwydiant glo am lowyr o blith gweithwyr amaethyddol Cymraeg eu hiaith cefn gwlad. Agorwyd y drysau i fewnfudo eang, yn bennaf o siroedd cyfagos de-orllewin Lloegr. Yn eu tro, priodai'r mewnfudwyr hyn ferched o Gymru, ac yn fynych byddai iaith yr aelwyd yn troi i'r Saesneg. O fewn un genhedlaeth câi'r Gymraeg ei gwthio o'r neilltu.

Yn ystod y cyfnod hwn, er i'w hunion niferoedd gynyddu, aeth y Cymry Cymraeg o fod yn fwyafrif y boblogaeth, i fod yn lleiafrif ohoni. Am y tro cyntaf, gofynnodd Cyfrifiad 1891 pwy oedd yn gallu siarad Cymraeg, Saesneg, neu'r ddwy iaith. Honnodd 910,289 neu 56% o'r boblogaeth eu bod yn siarad Cymraeg. Erbyn 1901 roedd y niferoedd wedi codi i 929,824 ond y ganran wedi syrthio i 49.9%. Parhaodd y duedd hon tan 1911 pan gofnodwyd y nifer uchaf o siaradwyr erioed – 977,366, ond erbyn hyn dim ond 43.5% oedd y ganran, cwymp sylweddol mewn byr amser.

Hyd at y cyfnod hwn ystyrid bod yr iaith Gymraeg yn greiddiol i'r diffiniad o hunaniaeth Gymreig. Ond nawr, roedd llawer o drigolion Cymru heb unrhyw ymlyniad at yr iaith frodorol o gwbl, ac eto'n teimlo mai dyma'u cartref newydd hwy hefyd. Ymddieithriodd rhai ohonynt oddi wrth yr iaith yn gyfan gwbl; aeth eraill yn ddifater ohoni a theimlent fod ei phresenoldeb parhaus yn fygythiad. Dechreuwyd ei hystyried yn ffactor a allai rannu'r genedl.

Doedd gan yr iaith Gymraeg ddim llawer o ffrindiau dylanwadol ychwaith, er mai hi oedd iaith gyntaf yr AS lliwgar, David Lloyd George, a ddaeth yn Brif Weinidog yn ddiweddarach – ac er ei fod e'n hynod falch ohoni. Ond roedd cryn gefnogaeth i hyrwyddo sefydliadau Cymreig cenedlaethol, megis Prifysgol Cymru yn

David Lloyd George,
Prif Weinidog a siaradai Gymraeg

1893 o'r colegau cyfansoddol yn Aberystwyth (1872), Bangor (1884), Caerdydd (1883) a Llanbedr Pont Steffan (1822). Roedd pob sefydliad yn hyrwyddo astudiaeth academaidd o'r iaith Gymraeg a'i llenyddiaeth, er, yn rhyfedd iawn, roedd y Gymraeg yn cael ei haddysgu trwy gyfrwng y Saesneg, a doedd dim un pwnc yn cael ei addysgu trwy gyfrwng y Gymraeg. Fodd bynnag, roedd astudiaethau academaidd o'r fath yn gam pendant ymlaen i'r iaith, gan roi iddi statws deallusol a bri cenedlaethol. Dylid cofio hefyd, fel y dywed Janet Davies, mai 'myfyrwyr a graddedigion y Gymraeg sydd wedi darparu cyrchfilwyr y mudiadau iaith Gymraeg' yn ystod yr ugeinfed ganrif.

Yn 1907 sefydlwyd Llyfrgell Genedlaethol Cymru yn Aberystwyth. Ei phrif gyfrifoldeb yw casglu a chadw llawysgrifau, llyfrau a lluniau'n ymwneud â Chymru a'r gwledydd Celtaidd eraill.

Yn y cyfnod hwn hefyd roedd yr Anghydffurfwyr hyderus yn brwydro'n ddi-baid yn erbyn eu gelyn pennaf – Eglwys Loegr. Ystyrid hi'n 'eglwys estron' nad oedd, tan 1870, wedi apwyntio'r un esgob oedd yn siarad Cymraeg am genedlaethau. Roedd hwn yn ddehongliad hytrach yn unochrog o agwedd yr eglwys at yr iaith, yn enwedig o ystyried ymdrechion grŵp gweithgar o glerigwyr llenyddol i hyrwyddo llenyddiaeth Gymraeg a'r eisteddfod. Ond fe'i cymhlethwyd ymhellach gan osodiad anffodus Basil Jones, Esgob Tyddewi, pan ddywedodd mai dim ond 'mynegiant daearyddol' oedd Cymru. Yn 1920 datgysylltwyd yr Eglwys yng Nghymru ac ers hynny mae'i hesgobion a'i hoffeiriaid wedi cyfrannu'n sylweddol at godi statws y Gymraeg ym mywydau seciwlar a chrefyddol y genedl.

Llyfrgell Genedlaethol Cymru, Aberystwyth

Emrys ab Iwan (1848–1906)

Mewn cyfnod pan oedd imperialaeth Brydeinig ar ei huchelfannau, roedd Ambrose Jones, neu Emrys ab Iwan, yn feddyliwr unig ac annibynnol. Roedd e'n lladmerydd dros yr iaith Gymraeg pan nad oedd hynny'n ffasiynol o gwbl:

... colli'n hiaith a fyddai yn golled erchyll. A'i cholli yn ddiau a wnawn ni rywbryd, os na wnawn ni ymdrech fwy effeithiol i'w chadw nad a

wnaethom hyd yn hyn ... Nid oes gan y Cymry mwyach ddim y gallant ymffrostio ynddo yn arbennig, heb law eu hiaith; ac wele! y maent trwy ddirfawr draul a thrafferth, yn cynorthwyo eu darostyngwyr i ddileu honno. O! y Vandaliaid di-chwaeth ... Ys anodd dirnad pa ham yr ymddiriedodd Rhagluniaeth iaith mor farddonol ac mor athronyddol i bobl ag y mae cynifer o honynt yn rhy bŵl i weled ei gwerth.

Aelodau'r Urdd yn mwynhau chwaraeon dŵr

HERIAU NEWYDD

Effeithiodd heriau o'r tu allan i Gymru ar gwrs yr iaith Gymraeg ar ddechrau'r ugeinfed ganrif. Lladdwyd tua 20,000 o Gymry Cymraeg ifanc yng nghyflafan y Rhyfel Byd Cyntaf, gan amddifadu cymunedau o genhedlaeth gyfan o ddynion ifanc. Wedi'r rhyfel difrodwyd seiliau diwydiannol Cymru. Llethwyd economi ardaloedd y chwareli llechi, a fu mor llwyddiannus yn cynnal cymdeithas o Gymry Cymraeg yng ngogledd-orllewin Cymru. Collodd maes glo ager cymoedd de Cymru weithwyr lu, y bu'n rhaid iddynt wynebu diweithdra neu chwilio am waith dros y ffin yn Lloegr. Dinoethwyd y Gymru wledig, calondir yr iaith, hithau gan y dirwasgiad mawr. Rhwng 1925 ac 1939 allfudodd 390,000 o Gymry, ac ni ddaeth y mwyafrif yn eu hôl. Dechreuodd llawer gwestiynu pwynt siarad Cymraeg pan oeddynt wedi'u tynghedu i fyw y tu allan i'w mamwlad. Daeth Sosialwyr, ac eithrio ym meysydd glo caled cymoedd Gwendraeth, Tawe ac

Cerflun o'r tad a'r mab, O. M. Edwards a Syr Ifan ab Owen Edwards, yn Llanuwchllyn

Aman, i ystyried yr iaith Gymraeg a'r diwylliant anghydffurfiol cysylltiedig â hi, yn henffasiwn ac yn llestair i gynnydd cymdeithasol.

Roedd angen cryn benderfyniad a hunanhyder i nofio yn erbyn y fath lanw o negyddiaeth. Gwnaeth Syr Ifan ab Owen Edwards hynny trwy barhau â gwaith ei dad fel golygydd y cylchgrawn Cymraeg hynod boblogaidd i blant, *Cymru'r Plant,* ac yn arbennig felly, trwy sefydlu'r mudiad ieuenctid, Urdd Gobaith Cymru (Fach) yn 1922. Ar y dechrau, disgwylid i aelodau'r Urdd dyngu llw o ffyddlondeb i'r iaith, prynu a darllen llyfrau Cymraeg, canu caneuon Cymraeg a chwarae trwy gyfrwng yr iaith. O fewn ychydig flynyddoedd roedd yr aelodaeth bron yn 25,000 a chyrhaeddodd ei hanterth yn 1940 gyda 57,000 o aelodau. Mae'r mudiad yn dal i ddenu 50,000 aelod mewn 90 cangen ledled Cymru heddiw. Gellir canmol y mudiad am ysbrydoli cenedlaethau o Gymry Cymraeg a dysgwyr i gofleidio'r iaith a'r diwylliant Cymraeg trwy'i eisteddfodau, ei weithgareddau modern ac yn ei ganolfannau preswyl yng Nglan-llyn a Llangrannog.

Ym maes addysg, yn 1927 cyhoeddwyd adroddiad *Y Gymraeg mewn Addysg a Bywyd*, a gadeiriwyd gan y *supremo* iaith, W. J. Gruffydd. Roedd yr adroddiad yn hynod feirniadol o'r diffyg cefnogaeth i addysgu'r Gymraeg, gwendidau'r rhaglenni hyfforddi athrawon a'r adnoddau gwael ar eu cyfer. Gydag 'eiddgarwch bron yn grefyddol ei sêl' argymhellodd yr adroddiad y dylid dysgu'r Gymraeg i holl blant Cymru, waeth beth fo'u cefndiroedd ieithyddol, na ble roeddynt yn byw.

Bu Gruffydd a'i gyfoeswyr yng Nghaerdydd yn allweddol hefyd yn herio byd Seisnig darlledu, ac yn sgil hynny yn 1937 crëwyd Rhanbarth Cymru o fewn y BBC. Galwai'r datblygiad hwn ar y BBC i gyflogi cynhyrchwyr a chyflwynwyr proffesiynol, a fyddai'n llwyddo ymhen amser i greu iaith lafar Gymraeg safonol a hygyrch. Daeth hon i gymryd lle Cymraeg ffurfiol y pulpud, a oedd wedi gwasanaethu'r genedl gystal yn ystod y bedwaredd ganrif ar bymtheg, ond a oedd yn cael ei hystyried yn henffasiwn bellach.

Cafwyd hwb pellach i fri'r iaith pan benderfynodd Llys yr Eisteddfod Genedlaethol mai'r Gymraeg fyddai unig iaith swyddogol yr ŵyl. Er ei bod braidd yn amhoblogaidd gan rai carfannau gwrth-Gymraeg, llwyddwyd i weithredu'r Rheol Gymraeg hon am y tro cyntaf yn Eisteddfod Caerffili yn 1951. Yn y cyfamser roedd y llywodraeth wedi pasio Deddf Llysoedd Cymru yn 1942, yn datgan y gallai'r sawl a deimlai dan anfantais o beidio â defnyddio'r Gymraeg mewn llys barn, ei defnyddio. Dyma ddechrau ar y broses o wrth-droi effaith 'cymal yr iaith' yn Neddf Uno 1536.

Uchod: Darlledu ar y radio o Fangor, 1938
Isod: Darlledu'r rhaglen newyddion ddyddiol Heddiw o stiwdios y BBC yng Nghaerdydd, 1972

Mynydd Epynt

Ni chafodd yr Ail Ryfel Byd gymaint o effaith ar yr iaith â'r Rhyfel Byd Cyntaf. Llwyddwyd i gymathu llawer o'r faciwîs ifanc o Loegr i'r cymunedau gwledig Cymraeg. Ond mewn un rhan o Gymru bu'r effaith yn gwbl ddifrodus, wrth i Swyddfa'r Rhyfel ddwyn tir ffermwyr Mynydd Epynt yn Sir Frycheiniog, a'i droi yn faes tanio. Disodlwyd 400 o Gymry o'u cymuned a symudwyd ffin y Gymru-Gymraeg 15 cilometr i'r gorllewin ar amrantiad.

Cofnodwyd ing y gwasgaru hwn gan Iorwerth C. Peate:

> … *yn y Waun Lwyd … euthum heibio i dalcen y tŷ i'r ffrynt. Yno yr oedd hen wraig bedwar ugain a dwy. Nis anghofiaf byth: yn eistedd yno fel delw gan syllu i'r mynydd-dir a'r dagrau'n llifo i lawr ei gruddiau. … 'Fy machgen bach i,' ebr hi, 'ewch yn ôl yno (Caerdydd) gynted ag y medrwch, mae'n ddiwedd byd yma.'*

Tipyn o'n **Hanes**

YMGYRCHU DROS YR IAITH

Protest gan Gymdeithas yr Iaith Gymraeg yn Swyddfa Bost Aberystwyth, 1963

Taenodd ffigurau'r cyfrifiad gysgod dros yr ymdrechion i adfywio'r iaith yn ystod ail hanner yr ugeinfed ganrif. Yn 1951 roedd nifer y siaradwyr wedi disgyn i 714,868, sef 28.9% o'r boblogaeth; yn 1971, 542, 425 neu 20.9% oedd yn hawlio'u bod yn rhugl yn y Gymraeg ac erbyn 1991 cafwyd gostyngiad pellach i 508,098 neu 18.6%. Roedd rhai tueddiadau yn dod yn fwyfwy amlwg. Erbyn yr 1960au prin iawn oedd y siaradwyr uniaith Gymraeg; roedd dwyieithrwydd yn norm, a'r cysyniad o 'Fro Gymraeg', yn ymestyn yn ddi-dor o'r gogledd-orllewin i'r de-orllewin, bro lle gellid cynnal bywyd bob dydd yn gyfan gwbl drwy gyfrwng y Gymraeg, yn erydu'n gyflym. Roedd tirlun ieithyddol newydd yn cael ei greu. Er mai dim ond 13.3% o drigolion y Rhondda oedd yn gallu siarad Cymraeg yn 1971, roedd eu nifer yn 11,925 – traean Cymry-Cymraeg Sir Feirionnydd.

Does ryfedd, felly, fod morâl y siaradwyr a statws yr iaith yn isel iawn yn ystod yr 1950au. Roedd ymdeimlad cyffredinol ei bod yn argyfwng ar yr iaith ond doedd fawr o amgyffrediad

Graffiti enwog ger Llanrhystud, Ceredigion

sut i ymateb iddo. Ac eto, yn ystod y degawd hwn yr heuwyd hadau'r adfywiad diweddarach.

Trachwant Corfforaeth Lerpwl a dinasoedd eraill am ddŵr Cymru symbylodd yr ymdeimlad o ddicter ymysg Cymry ledled y wlad. Deffrodd boddi Cwm Tryweryn, ger y Bala, ymateb cryf iawn ymhlith bron pob awdurdod lleol ac Aelod Seneddol yng Nghymru a thyfodd yn symbol o ddiymadferthedd gwleidyddol y Cymry. Roeddent wedi methu rhwystro bro Gymraeg rhag cael ei difodi.

Yn y cyfamser, yng ngorllewin diwydiannol Cymru, roedd Eileen a Trevor Beasley wedi dechrau'u hymgyrch unig ond arwrol o anufudd-dod sifil o wrthod talu eu trethi i Gyngor Dosbarth Gwledig Llanelli, hyd nes y caent ffurflenni dwyieithog. Rhwng 1952 ac 1960 ymddangoson nhw o flaen y llysoedd un ar bymtheg o weithiau a chipiodd beiliaid eu heiddo o'u cartref ar chwe achlysur, gan adael dim ond pot o jam ar silff lyfrau wag, un tro.

Safiad diwyro'r Beasleys dros eu hawliau fel siaradwyr y Gymraeg ysbrydolodd ddarlith radio

Trevor ac Eileen Beasley a'u teulu

Saunders Lewis, *Tynged yr Iaith*, a ddarlledwyd ar 13 Chwefror, 1962. Roedd Lewis yn Llywydd Anrhydeddus Plaid Cymru ond wnaeth hynny mo'i atal rhag mynegi'r rhwystredigaeth a gorddai sawl un yn rhengoedd y Blaid, ac yn enwedig yr ifanc, ei bod yn rhoi mwy o bwyslais ar ennill seddau seneddol nag ar dynged y Gymraeg. Yn ei ddarlith, defnyddiodd Lewis esiampl y Beasleys i ddangos sut y gallai gweithredu anghyfansoddiadol esgor ar newidiadau o bwys. Rhagwelodd na fyddai'r iaith yn goroesi i'r unfed ganrif ar hugain oni cheid gweithredu digyfaddawd ar unwaith. Ei brif neges oedd y dylai'r iaith gael statws swyddogol o fewn llywodraeth leol a chenedlaethol yng Nghymru. Dyma ddylai fod yn flaenoriaeth i Blaid Cymru. 'Nid dim llai na chwyldroad yw adfer yr iaith Gymraeg yng Nghymru', meddai, 'penderfyniad, ewyllys, aberth, ymdrech' a fyddai'n arbed ei thranc.

Darlith Saunders Lewis oedd y prif symbylydd i grŵp o ddeallusion ifanc, yn ardal Aberystwyth yn bennaf, sefydlu Cymdeithas yr Iaith Gymraeg yn ystod haf 1962. Mudiad protest ydoedd, gydag un nod, sef adfer statws swyddogol yr iaith, trwy ddulliau anghyfansoddiadol os oedd angen. Ac felly y dechreuodd ymgyrchu hir a pharhaus, ar sawl ffrynt, a chan ddefnyddio llawer o dactegau gwahanol i

Saunders Lewis

Rali o blaid Deddf Eiddo i Gymru

gyrraedd y nod. Efelychodd yr aelodau fudiadau anufudd-dod sifil ledled y byd, yn enwedig rhai'r mudiadau heddwch a'r ymgyrchoedd hawliau sifil yn UDA. Ar y dechrau, pwysleisid yr hawl i gael ffurflenni Cymraeg: gwysion llys, trwyddedau ceir a thystysgrifau geni. Er mwyn tynnu sylw at eu hymgyrchoedd ceisiai aelodau'r Gymdeithas gael eu harestio a'u dwyn gerbron y llysoedd. Yr enwocaf efallai oedd y brotest ar Bont Trefechan, Aberystwyth yn 1963, pan gaewyd y ffordd gan brotestwyr, ar eu heistedd, yn llenwi'r lle. Roedd yn ddigwyddiad eitha doniol ond mae'n eiconig bellach. Rhoddodd y brotest hon y cyhoeddusrwydd yr oedd ei wir angen i'r achos. Yn 1967, pasiwyd Deddf yr Iaith Gymraeg, a aeth i'r afael â rhai o'r materion mwyaf llosg, ond a amlygai hefyd yr angen am ddeddfwriaeth bellach.

Trodd y Gymdeithas ei golygon nesaf at ddiffyg Cymraeg ar arwyddion ffyrdd y wlad, ymgyrch a oedd yn hynod boblogaidd, ac eto'n amhoblogaidd ymhlith llawer o Gymry Cymraeg ar y pryd. Ar y dechrau, paentio'r arwyddion â phaent gwyrdd oedd y dacteg, ac yna'u tynnu a mynd â nhw i'r orsaf heddlu agosaf. Galwai ymgyrchoedd eraill am Ddeddf Eiddo a reolai'r farchnad dai ac ail gartrefi yng Nghymru; polisïau addysg lleol a chenedlaethol positif, a Deddf Iaith fwy cynhwysfawr.

Mudiad pobl ifanc/myfyrwyr oedd, ac yw, Cymdeithas yr Iaith Gymraeg, yn ei hanfod, gyda thua 2,000 o aelodau ar y tro. Ond gallant dynnu ar ewyllys da a chefnogaeth ddistaw, ac weithiau weithredol, cefnogwyr aeddfetach, parchus ac ufudd i'r gyfraith.

Ymysg y mwyaf dylanwadol o'r rhain yn ystod y blynyddoedd cynnar roedd Alwyn D. Rees, â'i golofnau golygyddol misol yn y cylchgrawn *Barn,* yn sicrhau na allai'r awdurdodau fforddio anwybyddu protestiadau'r ifanc. Yn ystod y llu ymgyrchoedd, dirwywyd cannoedd o'r aelodau a charcharwyd oddeutu 200. Ers y chwedegau mae'r Gymdeithas wedi mabwysiadu polisi 'di-drais yn erbyn personau' yn gonglfaen ei hymgyrchoedd gweithredu uniongyrchol. Un agwedd bwysig o'r aelodaeth oedd y nifer o ferched ifanc a oedd yn weithredol ynddi. Yn eu plith roedd Meri Huws, Meg Elis a Branwen Nicholas, a fu'n gadeiryddion y mudiad ac a fu yn y carchar dros eu daliadau. Wrth i'r ymgyrchu ddatblygu, daeth yn fwyfwy amlwg nad oedd sicrhau hawliau ieithyddol y Cymry Cymraeg yn ddigonol. Roedd yn rhaid symud y pwyslais i atgyfnerthu a sicrhau dyfodol y cymunedau Cymraeg eu hiaith hwythau – o safbwynt gwleidyddol, economaidd a chymdeithasol – ac i annog pawb yng Nghymru i gofleidio'u mamiaith. Bu cyflawniadau Cymdeithas yr Iaith Gymraeg yn rhyfeddol, ac mewn sawl ffordd byddai Cymru heddiw yn lle pur wahanol oni bai am weithredoedd diflino, egwyddorol a dihunan ei haelodau ifanc.

Dafydd Iwan a'r ymgyrch arwyddion ffyrdd

Merched y Wawr

Yn 1966–7 gwrthryfelodd aelodau cangen y Parc (pentref bychan ger y Bala), o Sefydliad y Merched yn erbyn cyfarwyddyd y mudiad hwnnw fod gweithgareddau swyddogol y gangen i'w cynnal yn Saesneg. O'r brotest leol hon ganwyd mudiad Cymraeg ar gyfer menywod, Merched y Wawr. Heddiw, mae ganddo tua 280 o ganghennau a chlybiau ledled Cymru, sy'n trefnu dros 2,250 o ddigwyddiadau a chyfarfodydd cymdeithasol trwy gyfrwng y Gymraeg bob blwyddyn.

Angharad Tomos

Cafodd Angharad Tomos ei charcharu sawl tro pan oedd hi'n aelod ac yna'n Gadeirydd Cymdeithas yr Iaith *Gymraeg* yn yr wythdegau. Ysbrydolodd y dedfrydau hyn ei nofel *Yma o Hyd,* lle mae'n myfyrio am y cyfrifoldebau a orfodir arni am ei bod yn Gymraes mewn cyfnod mor dyngedfennol yn hanes yr iaith:

> Mae arna i ofn … Peth ofnadwy ydy ofni'r dyfodol. Sgin i ddim gymaint o ofn gweld diwedd Cymru ag sydd gen i o orfod byw drwy'r broses. Achos proses ddychrynllyd ydi gorfod gwylio rhywun yn marw. Biti na faswn i wedi cael fy ngeni genhedlaeth yng nghynt. Biti na faswn i wedi cael fy ngeni genhedlaeth yn hwyrach. Unrhyw adeg 'blaw rŵan …

Dafydd Iwan

Dafydd Iwan oedd Cadeirydd Cymdeithas yr Iaith Gymraeg yn ystod ymgyrch fwyaf gweledol ac efallai dadleuol y gymdeithas – dros arwyddion ffyrdd dwyieithog. Roedd e'n ganwr poblogaidd a allai danio'r ymgyrchoedd â chaneuon protest:

> Cawn beintio'n byd yn wyrdd, hogia,
> Peintio'r byd yn wyrdd;
> Rhown Gymru oll ar dân, hogia
> A pheintio'r byd yn wyrdd.

Roedd ei ganeuon dychanol am arwisgo Siarl yn Dywysog Cymru yn arbennig o boblogaidd.

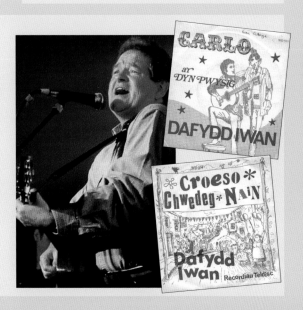

GORAU ARF: ARF DYSG

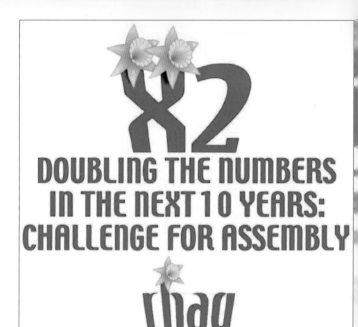

DOUBLING THE NUMBERS IN THE NEXT 10 YEARS: CHALLENGE FOR ASSEMBLY

rhag

Rhieni'n herio'r Cynulliad: poster Rhag (Rhieni dros Addysg Gymraeg)

Os mai'r gyfundrefn addysg ffurfiol fu un o'r cyfryngau mwyaf dinistriol o safbwynt y Gymraeg yn ystod y bedwaredd ganrif ar bymtheg a dechrau'r ugeinfed ganrif, does fawr o amheuaeth na welwyd chwyldro yn hyn o beth yn ystod degawdau olaf yr ugeinfed ganrif. Datblygiadau yn y maes hwn, yn anad yr un maes arall, a roddodd egni a gobaith newydd i'r iaith i'r dyfodol. Roedd hyn yn wir ar bob lefel, o oedran meithrin i addysg uwch.

Gellir olrhain gwreiddiau'r egni newydd i'r Ail Ryfel Byd pan agorodd Syr Ifan ab Owen Edwards ysgol gynradd gyfrwng Cymraeg breifat yn Lluest ger Aberystwyth, dan nawdd Urdd Gobaith Cymru, i wrthweithio dylanwad y faciwîs Saesneg eu hiaith, a oedd yn dylifo i'r ardal yn 1939–40. Er y gellid dadlau bod hyn wedi arwain at symud yr iaith Gymraeg o brif ffrwd addysg yn yr ardal, ac wedi tynnu'r cyfrifoldeb am ddiogelu'r iaith oddi ar ysgwyddau difater yr awdurdod addysg lleol, eto, llwyddodd i brofi i rieni Cymraeg sgeptig fod dysgu trwy gyfrwng y Gymraeg, nid yn unig yn ymarferol,

ond yn addysgiadol fuddiol i'r plant. Yn ystod y rhyfel hefyd y cyflwynodd R. A. Butler, Llywydd y Bwrdd Addysg, Ddeddf Addysg newydd 1944 ac ynddi gymal pwysig a fyddai'n sbardun allweddol yn natblygiad addysg Gymraeg; sef y dylid addysgu plant yn unol â dymuniadau eu rhieni. Bachodd rhieni brwdfrydig dros addysg Gymraeg yng ngoblygiadau'r cymal hwn yn ystod y degawdau dilynol.

Ar ôl y rhyfel, yn 1947, wedi misoedd o ddeisebu ac ymgyrchu, agorwyd yr ysgol gyfrwng Cymraeg gyntaf gan awdurdod addysg, yn Ysgol Gymraeg (Dewi Sant) Llanelli. Dyma gam cyntaf petrus mudiad sy wedi cael llwyddiannau dramatig, wrth i fwy a mwy o rieni fynnu addysg Gymraeg i'w plant. Daeth y galw cynnar yn bennaf o'r ardaloedd trefol Seisnig yn y de- a'r gogledd-ddwyrain, a siaradwyr dosbarth-canol Cymraeg oedd yn arwain yr ymgyrch, dan faner 'Undeb Rhieni Ysgolion Cymraeg', neu 'Rhieni dros Addysg Gymraeg' ers 1983. Roedden nhw'n pryderu'n ddybryd

  1 un ci
 2 dau oen
3 tri mochyn
 4 pedwar ceiliog
 5 pump hwyaden
 6 chwe broga

Y Nadolig cyntaf yn Ysgol Dewi Sant

Drannoeth agor Ysgol Gynradd Gymraeg Dewi Sant Llanelli ar 3 Mawrth 1947 daeth yr eira mawr, gan gau pob ysgol arall yn y sir. Ond anghofiodd y Swyddfa Addysg am fodolaeth yr ysgol newydd a brwydrodd hithau'n ei blaen, heb gau, gyda'r rhieni yn cario'r plant bach i'r ysgol yn eu breichiau drwy'r lluwchfeydd.

oherwydd y diffyg yn y ddarpariaeth ar gyfer addysgu'r Gymraeg, ac addysgu trwy gyfrwng yr iaith, yn yr ardaloedd hyn. Cam pwysig eithriadol fu cynnwys rhieni di-Gymraeg yn yr ymgyrchu hwn, ac er mai'n araf iawn y derbyniwyd hwy gan y Cymry Cymraeg ar y dechrau, y maent bellach yn asgwrn cefn y mudiad ledled Cymru. Tan tuag ugain mlynedd yn ôl roedd ambell brifathro yn mynnu bod o leiaf un rhiant yn siarad Cymraeg cyn caniatáu lle yn yr ysgol i'r plentyn hwnnw. Canlyniad anochel y fath elitiaeth anffodus fu amddifadu cannoedd o blant o fanteision addysg Gymraeg. Ond, o dipyn i beth, daeth mwy a mwy o rieni di-Gymraeg i fynnu eu hawliau eu hunain, gan greu galw dihysbydd am ysgolion cyfrwng Cymraeg nad yw wedi'i ddiwallu hyd yn oed heddiw.

Agorwyd yr ysgol uwchradd gyfrwng Cymraeg gyntaf yn Ysgol Glan Clwyd, Sir Ddinbych, yn 1956. Ar y pryd roedd hon yn fenter radical iawn, yn enwedig mewn ardal mor Seisnigedig. Yn ganolog i'w llwyddiant roedd gweledigaeth ac argyhoeddiad y Cyfarwyddwr Addysg, y Dr B. Haydn Williams, a welai fod yn rhaid wrth ysgol y byddai nid yn unig ei haddysg trwy gyfrwng y Gymraeg, ond ei holl ethos a'i gweinyddiaeth yn ogystal. Ysgolion Cyfun Maes Garmon, yr Wyddgrug, a Rhydfelen, Morgannwg, oedd y nesaf i'w sefydlu yn 1961-2, gyda disgyblion yn teithio i Rydfelen o bellteroedd de Cymru. Roedd prifathrawon cyntaf yr ysgolion arloesol hyn yn ymwybodol iawn eu bod ynglŷn â chrwsâd mawr ac na feiddient fethu. Heddiw mae 24 ysgol o'r fath yng Nghymru ac eraill ar y gweill.

Adlewyrchir y twf mewn addysg Gymraeg yn glir yn y brifddinas ei hun. Rhannwyd yr ysgol gynradd Gymraeg wreiddiol ym Mryntâf (a sefydlwyd yn 1949) yn bedair ysgol yn 1981. Maent hwy yn eu tro wedi esgor ar 10 ysgol gynradd gyfrwng Cymraeg, 3–4 dosbarth cychwynnol cynradd a dwy ysgol uwchradd yn y ddinas, gydag ysgolion eraill ar y gweill. Cyn hir bydd 25% o ddisgyblion Caerdydd yn mynychu ysgolion Cymraeg. Mae hyn yn rhyfeddol os ystyriwn mai dim ond 64 o blant 5–11 oed Cymraeg iaith gyntaf oedd yn y ddinas i gyd yn 1950.

Yn 2008 trefnodd cynghorau Casnewydd a Wrecsam arolygon i asesu'r galw am addysg Gymraeg. Yng Nghasnewydd dywedodd 31% o'r rhieni y byddent yn anfon eu plant i ysgol gyfrwng Cymraeg petai un o fewn cyrraedd cyfleus i'w cartrefi, ac yn Wrecsam teimlai 68% o rieni y byddai'u plant yn elwa o addysg o'r fath.

At hyn, mae disgwyl i'r ysgolion traddodiadol cynradd ac uwchradd Cymraeg neu ddwyieithog, mewn ardaloedd Cymraeg eu hiaith fel Gwynedd a de-orllewin Cymru, fynd ati ar fyrder i ddatblygu ac ymestyn eu darpariaeth gyfrwng Cymraeg hwythau. Agwedd bwysig o'r datblygiad hwn fydd mireinio'r dilyniant ieithyddol rhwng cynradd ac uwchradd, gan sicrhau nad yw ymdrechion clodwiw'r sector cynradd yn cynhyrchu siaradwyr dwyieithog erbyn bod y plant yn 11 oed, yn mynd ar goll yn y sector uwchradd. Y dasg anodd yn fynych yw perswadio rhieni yn yr ardaloedd hyn, boed Gymry Cymraeg, di-Gymraeg neu fewnfudwyr, o fanteision allweddol parhau i feithrin sgiliau dwyieithog eu plant gydol eu haddysg. Mae'n anodd iawn cysoni'r difrawder a'r diffyg deallttwriaeth hwn o werth dwyieithrwydd, â'r awydd angerddol am ennill sgiliau dwyieithog llawn yn yr ardaloedd Seisnigedig.

Daeth ysgolion meithrin cyfrwng Cymraeg, a sefydlwyd trwy ymdrechion gwirfoddolwyr yn y pumdegau a'r chwedegau, i fodolaeth er mwyn bwydo'r ysgolion cynradd cyfrwng Cymraeg newydd, yn enwedig yn y de-ddwyrain. Ond ysgydwodd ffigurau gresynus Cyfrifiad 1971, a ddangosodd mai dim ond 9,748 o blant 3-4 oed

Cymru a allai siarad Cymraeg, y gwirfoddolwyr hyn i gymryd camau mwy strategol. Yn 1971 sefydlwyd Mudiad Ysgolion Meithrin, i gynnig strwythur ffurfiol i'r tua 63 ysgol feithrin oedd yn bodoli eisoes, ac i ymgyrchu a lobïo am well darpariaeth. O fewn chwarter canrif gallai'r mudiad hawlio bod ganddo 13,900 o aelodau mewn rhwydwaith o 645 cylch meithrin a 407 cylch Ti a Fi ar gyfer rhieni a'u plant bach.

Daeth heriau pellach, yn enwedig yn sgil pasio Deddfau Plant 1989 a 2004, ac yna'r Cyfnod Sylfaen newydd mewn addysg statudol ddechrau'r unfed ganrif ar hugain, gyda'i bwyslais ar ddilysrwydd chwarae, y byd awyr agored a meithrin dwyieithrwydd. Dull trochi, gan foddi'r plant bach yn sŵn y Gymraeg, a ffafrir gan y mudiad, ac mae'r pwyslais drwy'r amser ar ddysgu trwy chwarae a mwynhad. Gyda'i Ganolfan

'Arholiad Pedwar-plws'

Ddiwedd y saithdegau, mynnai Pwyllgor Addysg Morgannwg fod gan blant eirfa sylfaenol yn y Gymraeg cyn y caent fynediad i addysg gynradd Gymraeg. Ond ni fu hynny'n dramgwydd i Eric Evans, Ymgynghorydd y Gymraeg, oherwydd gofynnodd i Margaret Rosser, athrawes 76 mlwydd oed a oedd wedi ymddeol, gynnal ysgol feithrin arbennig i baratoi rhyw ddwsin o blant meithrin o gartrefi di-Gymraeg i basio'r 'arholiad pedwar-plws mewn Cymraeg llafar', a oedd yn ddisgwyliedig ohonynt. Yn Efail Isaf y gwelwyd yr arbrawf rhyfeddol hwn, gyda'r athrawes frwdfrydig yn llogi tacsis i gyrchu'r plant i'r ysgol fach. O fewn naw mis llwyddwyd i argyhoeddi'r Cyngor fod Cymraeg y plant yn ddigon da a bod penderfyniad eu rhieni yn gwbl ddiwyro, ac agorwyd dosbarth Cymraeg yn ysgol Gartholwg, Pentre'r Eglwys, gerllaw.

Myfyrwyr Prifysgol Bangor 2007 yn galw am Goleg Ffederal

Cronfa Glyndŵr

Cymwynaswyr mawr addysg Gymraeg yn y chwedegau oedd Trefor a Gwyneth Morgan. Yn 1963 sefydlon nhw Gronfa Glyndŵr yr Ysgolion Cymraeg i gynnig cymorth ariannol i rieni ac ysgolion, er mwyn hwyluso addysg Gymraeg. Yn wir, agorodd y Gronfa ei hysgol gynradd/uwchradd breifat ei hunan ym Mhen-y-bont ar Ogwr, sef Ysgol Glyndŵr. Pan fu Trefor Morgan farw'n ddisymwth yn 1970 daeth yr arbrawf diddorol hwn i ben. Y mae'r Gronfa yn parhau er hynny, ac yn dal i gefnogi ceisiadau am gymorth i hyrwyddo a gwella darpariaeth addysgol gyfrwng Cymraeg.

Integredig a'i Bencadlys newydd ysblennydd yn Aberystwyth a chanolfannau tebyg ledled Cymru, mae gweledigaeth Mudiad Ysgolion Meithrin wedi bod yn ysbrydoliaeth i fudiadau tebyg sy'n hyrwyddo darpariaeth feithrin mewn gwledydd ag ieithoedd llai eu defnydd ar draws y byd.

Ar ben arall y sbectrwm mae'r datblygiadau wedi bod yn llai dramatig. Ac eithrio yng Ngholeg Meirion-Dwyfor, prin yw'r cyrsiau cyfrwng Cymraeg yn y sector trydyddol a'r colegau addysg bellach ledled Cymru, ac yn sicr mae angen grymuso'r defnydd o'r Gymraeg mewn pob math o bynciau galwedigaethol.

Felly hefyd mewn addysg uwch. Dim ond 3% o fyfyrwyr addysg uwch prifysgolion Cymru oedd yn derbyn addysg cyfrwng Cymraeg yn 2004. Mae hyn wedi arwain at ymgyrchu croch a pharhaus, yn enwedig yn Aberystwyth a Bangor, ac mae wedi dwyn peth ffrwyth. Gosodwyd targed i godi'r ganran hon i 7% erbyn 2010. Cafodd yr ymgyrch hwb sylweddol ym mis Mehefin 2009, pan gyhoeddwyd bod Llywodraeth y Cynulliad yn bwriadu sefydlu Coleg Ffederal Cymraeg, gyda'i gorff llywodraethol, ei gyngor a'i gyfansoddiad ei hun. Gyda'r ddarpariaeth yn ei lle o fewn dwy flynedd, fe obeithir, bydd gan ymgyrch Mantais, a sefydlwyd i annog myfyrwyr i ddilyn rhan o leiaf o'u cyrsiau trwy gyfrwng y Gymraeg, her aruthrol wedyn i gyflawni'r nod hwnnw, er mwyn gallu gwireddu breuddwyd addysg uwch cyfrwng Cymraeg yng Nghymru.

O ystyried hyn oll ymddengys bod y ddihareb 'Gorau Arf: Arf Dysg' yn crisialu cyfraniad y byd addysg i dwf y Gymraeg a dwyieithrwydd yng Nghymru ddiwedd yr ugeinfed ganrif a dechrau'r unfed ganrif ar hugain.

Erbyn hyn, fel gyda holl bynciau eraill y cwricwlwm, mae canllawiau adolygu ar gyfer y Gymraeg

BYWYD DIWYLLIANNOL

Madison Tazu: Dysgwraig y Flwyddyn 2008

Mae rhai o ddatblygiadau mwyaf cyffrous y degawdau diwethaf wedi bod ym maes diwylliant Cymraeg. Cyhoeddir cannoedd o lyfrau Cymraeg bob blwyddyn, yn bennaf gyda chefnogaeth Cyngor Llyfrau Cymru a sefydlwyd yn 1961. Llyfrau lliwgar i blant a bywgraffiadau o Gymry enwog yw'r llyfrau mwyaf poblogaidd. Yn gysylltiedig â'r rhain mae'r papurau bro, a gyhoeddir yn fisol trwy ymdrechion clodwiw gwirfoddolwyr lu. Rhestrwyd 63 o bapurau bro o'r fath yn 2009. Cyfranna'r gweithgaredd hwn at ddiwydiant 42 o argraffwyr a chyhoeddwyr, sy'n gweithio'n rhannol o leiaf trwy gyfrwng y Gymraeg, ledled Cymru. Methodd ymdrechion i sefydlu papur dyddiol Cymraeg yn 2008, gan yr ystyriwyd y byddai cyhoeddiad yn seiliedig ar y we yn fwy ymarferol. Bellach mae www.golwg360.com yn weithredol. Mae'n galonogol gweld yr iaith yn cofleidio'r technolegau newydd yn llawn brwdfrydedd. Mae *Facebook* wedi datgan bod y Gymraeg yn un o'r ieithoedd y gellir cyfieithu defnydd iddi ar gyfer ei wefan.

Agwedd arall allweddol bwysig yn y broses o normaleiddio'r iaith yn y byd

modern yw datblygiad BBC Radio Cymru (1977) a Sianel Pedwar Cymru, S4C (1982). Trwy'r ddau gyfrwng mae'r iaith yn cyrraedd i mewn i'r cartref ei hun – y parth pwysicaf o hyd o safbwynt y Gymraeg. Sefydlwyd S4C yn dilyn ymgyrch hir gan Gymdeithas yr Iaith Gymraeg a'i chefnogwyr gydol yr 1970au. Daeth i'r pen pan fygythiodd Gwynfor Evans, Llywydd Anrhydeddus Plaid Cymru, y byddai'n llwgu'i hun i farwolaeth os na fyddai llywodraeth Margaret Thatcher yn anrhydeddu'r addewid a wnaethpwyd cyn etholiad 1979 – sef mai sianel ar gyfer rhaglenni Cymraeg fyddai'r bedwaredd sianel. Llwyddodd ymyrraeth amserol tri gwleidydd hŷn i osgoi argyfwng posibl, ac ym mis Tachwedd 1982 lansiwyd y sianel newydd – S4C.

Mae gan y cyfryngau hyn frîff anodd ei gyflawni, oherwydd bod yn rhaid iddynt blesio cynulleidfa eang ac amrywiol iawn ei diddordebau. Ymhlith y rhaglenni mwyaf llwyddiannus mae'r rhai ym meysydd newyddion a materion cyfoes, chwaraeon, rhaglenni plant, un o'r operâu sebon mwyaf hirhoedlog ar deledu Prydain, *Pobol y Cwm*, a chyfresi drama heriol eu cynnwys, fel *Con Passionate* a *Caerdydd*.

Fel gŵyl hanfodol Gymraeg, mae'r Eisteddfod Genedlaethol yn parhau yn un o draddodiadau diwylliannol cryfaf Cymru ac Ewrop. Heddiw, mae'n cynnig llwyfan, nid yn unig i gerddorion, artistiaid, adroddwyr, beirdd ac awduron gorau'r genedl, ond mae'n fforwm hefyd ar gyfer pob math o weithgaredd ymylol sy'n hyrwyddo'r Gymraeg. Mae amrywiaeth y pafiliynau a'r stondinau yn tystio'i bod yn ŵyl fywiog, lle croesewir pob ymwelydd i flasu a mwynhau'r diwylliant Cymraeg. Gall dysgwyr y Gymraeg fynychu uned Maes D, tra gwelir yr ifanc yn mwynhau arlwy o gerddoriaeth fodern a hwyl gyda'r nos ym Maes B. Mae taith yr Eisteddfod Genedlaethol o gwmpas Cymru yn sicrhau ei bod yn gallu rhoi hwb i broffil yr iaith mewn ardaloedd gwahanol o flwyddyn i flwyddyn.

D am Dysgwr

Ffactor sy'n cyfrannu tuag at fywiogrwydd newydd yr iaith yw datblygiad cyrsiau i ddysgwyr y Gymraeg. Yn ystod ail hanner yr ugeinfed ganrif gwelwyd cynnydd sylweddol yn y mewnfudwyr Saesneg, yn enwedig yn y Cymru wledig. Mae rhai o'r mewnfudwyr hyn yn mynychu dosbarthiadau ac yn meistroli'r iaith newydd. Ond mae mwyafrif y dysgwyr yn dod o blith y Cymry di-Gymraeg cynhenid, sydd eisiau cefnogi addysg cyfrwng Cymraeg eu plant ac sy'n teimlo iddynt gael eu hamddifadu o un rhan o'u genedigaeth-fraint. Yn ystod y saithdegau cyflwynwyd cyrsiau Wlpan dwys, yn seiliedig ar y model Hebraeg, ac yn raddol cafodd y dulliau dysgu'u mireinio a daethant yn fwy

Ganwyd Meggan Lloyd Prys, Dysgwraig y Flwyddyn 2009, yn yr Unol Daleithiau, ond ar ôl priodi ŵyr Trevor ac Eileen Beasley (gw. tud. 33), penderfynodd ddod yn Gymraes – yn gyfreithiol ac o ran iaith

proffesiynol. Un fenter eithriadol yn yr wythdegau oedd datblygu pentref adfeiliedig anghysbell yn Nant Gwrtheyrn ar Benrhyn Llŷn, yn Ganolfan Iaith breswyl ar gyfer dysgwyr. Yn 2005–06 roedd 17,415 o oedolion wrthi'n dysgu'r iaith, ond mae croesi'r bont yn siaradwyr rhugl yn dal yn gryn her i lawer ohonynt.

Bob blwyddyn, gwobrwyir 'Dysgwr / Dysgwraig y Flwyddyn' yn ystod yr Eisteddfod Genedlaethol. Yn 2008, Madison Tazu o Aberteifi gipiodd y wobr bwysig hon. Pan oedd hi'n ddisgybl yn yr ysgol leol roedd wedi ymwrthod â'r iaith, ond yna, wrth deithio'r byd yn ddiweddarach, teimlai gywilydd nad oedd yn gallu siarad ei mamiaith. Dychwelodd i Gymru a dysgodd yr iaith o'r newydd – gyda chanlyniadau gwych!

Nia Parry, tiwtor y Gymraeg ym Maes D yn yr Eisteddfod Genedlaethol

Canolfan Iaith Nant Gwrtheyrn

IAITH PAWB

Yn ystod degawd olaf yr ugeinfed ganrif dechreuodd rhai gwleidyddion optimistaidd ddweud bod y frwydr i achub yr iaith wedi'i hennill ac y gallai pawb roi heibio ymgyrchu o'r diwedd. Deilliai optimistiaeth o'r fath yn rhannol o basio Deddf Iaith 1993, a roddodd statws statudol i Fwrdd yr Iaith Gymraeg ac a orchmynnodd fod yn rhaid i bob awdurdod cyhoeddus gynhyrchu a gweithredu cynllun iaith. Teimlid y byddai hyn yn rhoi statws cyfartal i'r Gymraeg a'r Saesneg yn y gwasanaethau cyhoeddus i gyd. Dadleuai eraill nad oedd y deddfu'n mynd yn ddigon pell ac mae'r galw am ddeddf iaith gryfach yn parhau. Cydnabu Bwrdd yr Iaith Gymraeg bwysigrwydd cynnal a hyrwyddo'r Gymraeg yn iaith gymunedol fyw. Cydnabu hefyd y cyfraniad arwyddocaol yr oedd Menter Cwm Gwendraeth eisoes wedi'i wneud ers 1991 – fel menter a grëwyd i ffurfio rhwydweithiau cymdeithasol i'w defnyddio o ddydd i ddydd yn y fro Gymraeg ei hiaith hon yn Sir Gaerfyrddin. Erbyn heddiw mae rhwydwaith o 21 menter o'r fath ar hyd a lled Cymru, wedi'u noddi gan y Bwrdd,

a'u harwain, ar y cyfan, gan bobl ifanc broffesiynol, ymroddedig a brwdfrydig.

Heb amheuaeth, mae sefydlu Llywodraeth Cynulliad Cymru yn 1998 wedi newid agweddau'n sylweddol tuag at y Gymraeg o fewn Cymru a thu hwnt. Mae gan y Cynulliad bolisi dwyieithog cyflawn ac mae'r gwasanaethau cyfieithu rhagorol wedi gwneud cyfarfodydd dwyieithog yn dderbyniol, a bron yn norm. Mae hyn wedi cyfrannu at hyder newydd yng ngallu'r iaith i fod yn berthnasol ym mhob sefyllfa – boed ffurfiol neu anffurfiol. Yn 2003 cynhyrchodd y Cynulliad ddogfen bolisi arloesol – *Iaith Pawb* – sydd wedi gosod seiliau ar gyfer pob math o fentrau o blaid yr iaith. Nod *Iaith Pawb* yw 'sicrhau bod pawb ledled Cymru yn gallu defnyddio'r Gymraeg yn ystod eu bywydau cymdeithasol, eu horiau hamdden a'u gweithgareddau busnes, a bod nifer y bobl sy'n gallu siarad Cymraeg yn parhau i dyfu'. Yn bennaf, mae'r ddogfen bolisi hon yn galw ar i bawb – yn weinidogion a swyddogion, mewn llywodraeth leol a chenedlaethol a hyd yn oed y cyhoedd eu hunain –

hapus i siarad Cymraeg!

Poster Bwrdd yr Iaith Gymraeg

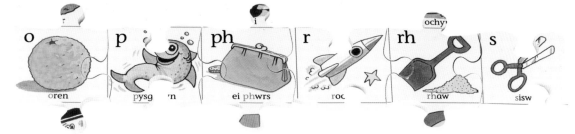

o · **p** · **ph** · r · **rh** · **s**
oren · pysg'n · ei phwrs · roc · rhaw · sisw

gymryd cyfrifoldeb dros yr iaith Gymraeg a'i diogelu at y dyfodol fel un o ddwy iaith swyddogol Cymru. Fel y prawf teitl y ddogfen bolisi mor effeithiol, mae'r iaith Gymraeg yn perthyn i bawb yng Nghymru – o bob hil, lliw, cefndir ethnig ac ieithyddol.

Roedd yr hyder cynhenid yn *iaith Pawb* yn seiliedig yn rhannol ar ffigurau'r Cyfrifiad diwethaf yn 2001, a ddangosai fod cynnydd bychan yn niferoedd a chanran y siaradwyr Cymraeg – am y tro cyntaf ers bron i ganrif. Roedd nifer y siaradwyr (3 oed a throsodd) yn 582,368 a'r ganran yn 20.8%. At hyn, dadleuai ystadegwyr fod gan tua 28.4% rywfaint o allu yn yr iaith. Yr agwedd fwyaf adeiladol oedd bod tuedd gynyddol bendant ymhlith y garfan 3–15 oed, prawf pellach fod addysg cyfrwng Cymraeg yn ffactor cwbl allweddol yng ngoroesiad yr iaith. Bydd dyfodol yr iaith yn eu dwylo nhw.

Sarra Elgan a Simon Easterby gyda'u plant Soffia a Ffredi – maen nhw'n gefnogol iawn i waith Twf

Twf
Cymraeg o'r Crud
2 Languages from Day 1

Un nodwedd sobreiddiol o ganlyniadau Cyfrifiad 2001, fodd bynnag, oedd y gostyngiad yn niferoedd y cartrefi Cymraeg a diffyg trosglwyddo'r iaith fel mamiaith ar yr aelwyd. Dangoswyd mai dim ond 39.8% o'r teuluoedd â dim ond un rhiant yn siarad Cymraeg oedd yn trosglwyddo'r iaith yn y cartref. Ni ellid anwybyddu rhybudd J. A. Fishman yn ei astudiaeth glasurol *Reversing the Language Shift*, 'Heb drosglwyddo'r famiaith ar draws cenedlaethau … mae cynnal yr iaith yn amhosibl. Ni ellir cynnal yr hyn nad yw'n cael ei drosglwyddo.'

I fynd i'r afael â'r mater llosg hwn sefydlodd Bwrdd yr Iaith Gymraeg fenter o'r enw Twf ar ddechrau'r unfed ganrif ar hugain. Ei nod yw ennyn cefnogaeth bydwragedd ac ymwelwyr iechyd, a'u cael i drafod gyda rhieni ifanc fanteision magu eu plant yn ddwyieithog – i ddangos iddynt y gall y fath fagwraeth ddwyn manteision a bendithion cymdeithasol, gwybyddol, addysgol, diwylliannol ac economaidd yn eu sgil.

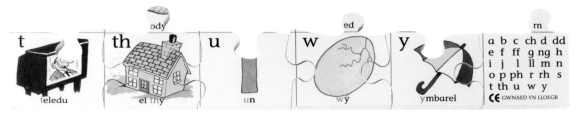

t · **th** · u · **w** · **y**
teledu · ei thy · un · wy · ymbarel

a	b	c	ch	d	dd
e	f	ff	g	ng	h
i	j	l	ll	m	n
o	p	ph	r	rh	s
t	th	u	w	y	

CE GWNAED YN LLOEGR

YR EWYLLYS I OROESI

Only Men Aloud – enillwyr balch Last Choir Standing *2008*

Mae sut mae rhywun yn gweld dyfodol yr iaith Gymraeg yn dibynnu ar eich agwedd tuag at fywyd – fel optimist neu besimist. Does dim amheuaeth fod y bygythiadau yn dal yn real iawn. Ymhlith yr heriau anoddaf mae'r ffaith fod dylanwad yr iaith Saesneg yn datblygu beunydd fel iaith wironeddol ryngwladol, y mae'i goruchafiaeth yn bygwth llawer o ieithoedd a diwylliannau lleiafrifol eraill ledled y byd. Yn sicr mae dyfodol prin hanner miliwn o siaradwyr Cymraeg dan fygythiad tra bod 277 miliwn o siaradwyr Saesneg yn Lloegr ac America. Pa gysur bychan bynnag y mae ffigurau'r Cyfrifiad diwethaf yn ei roi, fel y rhybuddiodd yr haneswyr iaith Aitchison a Carter, 'Nid yw'n bryd gorfoleddu'n fuddugoliaethus; … dim eto, o leiaf.' Yng ngoleuni hyn, efallai mai'r ffaith syfrdanol sylfaenol yw bod yr iaith Gymraeg 'yma o hyd'.

Ac eto mae cymaint o ffactorau cadarnhaol. Yn ystod y blynyddoedd diwethaf mae academyddion wedi

Matthew Rhys yn ei rôl fel Dylan Thomas yn y ffilm The Edge of Love

gwasanaethu'r iaith yn dda, trwy gynhyrchu cyfrolau o eiriadur Cymraeg / Saesneg; trwy'r *tour de force*, *The Welsh Academy English–Welsh Dictionary* a'r *Gwyddoniadur Cymreig* meistrolgar. Cefnogir y rhain gan doreth o eiriaduron a thechnolegau ar-lein i wirio dogfennau a chywiro gramadeg, a hyd yn oed dreigladau. Mae'r Ganolfan Uwchefrydiau Cymreig a Cheltaidd wedi cyhoeddi hanes cymdeithasol cynhwysfawr yr iaith Gymraeg o ddechrau'r cyfnod modern cynnar hyd at heddiw.

Mae hyder newydd hefyd ymhlith dynion a menywod proffesiynol. Er nad yw'r teitl Cŵl Cymru, a oedd yn boblogaidd ar droad y mileniwm, yn cŵl iawn bellach, mae llwyddiant artistiaid sy'n siarad Cymraeg, ac sydd bellach yn sêr rhyngwladol, yn cynnig ysbrydoliaeth i'r genhedlaeth iau. Mae actorion fel Matthew Rhys, Daniel Evans ac Ioan Gruffudd, bandiau pop fel y Super Furry Animals a chantorion fel Bryn

Terfel a Duffy, yr un mor gartrefol yn nwy iaith eu gwlad enedigol ac yn falch o'u dwyieithrwydd. Gwelwyd hyder ac asbri tebyg mewn dau o gorau ifanc gorau Cymru, y côr meibion *Only Men Aloud* a Chôr Glanaethwy, yn y rhaglen deledu *Last Choir Standing* yn 2008 – gall y ddau gôr ganu'r un mor hyderus yn Gymraeg ag yn Saesneg.

Mae llawer o bobl ifanc, er hynny, yn dal i ddewis mynegi'u creadigrwydd trwy gyfrwng y Gymraeg. Yn ystod y saithdegau Edward H, y Tebot Piws a Geraint Jarman oedd y bandiau poblogaidd yn siglo'r sin Gymraeg ac yn denu miloedd i'w gigiau; heddiw mae Fflur Dafydd a'r Barf a Derwyddon Doctor Gonzo ymhlith y ffefrynnau, gyda unigolion fel Elin Fflur a Bryn Fôn yn hoff gantorion. Yn y brifddinas mae o leiaf wyth côr yn canu yn gyfan gwbl drwy gyfrwng y Gymraeg. Mae'n siŵr mai'r neges yw – os ydyn ni'n dymuno dyfodol llewyrchus i'r Gymraeg mewn byd modern cyfnewidiol, rhaid i'r iaith fod yn greiddiol i'r diwylliant poblogaidd Cymraeg a dwyieithog, yn enwedig diwylliant yr ifanc.

Fel y dwedodd Michael D. Jones 'nôl yn 1876, 'Mae at ewyllys y Cymry eu hunain i'r Gymraeg farw neu fyw; ac os lleddir hi, arnynt hwy eu hunain y bydd y bai.'

Ar ddechrau'r unfed ganrif ar hugain ymddengys bod y dyhead i oroesi a datblygu wedi'i atgyfnerthu, a bod mwy o ewyllys da tuag at yr iaith ymhlith y di-Gymraeg nag a fu erioed o'r blaen. Mae'r cyfan hyn yn atsain llinell olaf cytgan ein hanthem genedlaethol, 'O bydded i'r hen iaith barhau'.

Tafodieithoedd

Mae tafodieithoedd yn dal yn rhan hanfodol bwysig o wead y Gymraeg ac mae'r siaradwr cynhenid yn falch ohonynt. Dyma rai o'r amrywiaethau adnabyddus rhwng iaith yr 'hwntws' ac iaith y 'gogs':

de Cymru	gogledd Cymru
tad-cu	taid
mam-gu	nain
'nawr	'rŵan
lan	i fyny
mas	allan
gyda	gan
angladd	cynhebrwng
nisied/macyn	hances boced

Carreg Filltir

Ddydd Mercher, 17 Tachwedd 2008, defnyddiwyd y Gymraeg yn gyfreithiol am y tro cyntaf yn Senedd Ewrop. Croesawodd Prif Weinidog Cynulliad Cenedlaethol Cymru, Rhodri Morgan, 'y datblygiad hanesyddol hwn i'r iaith Gymraeg, sy'n dangos bod yr UE yn cydnabod amrywiaeth diwylliannol ac ieithyddol.'

Elin Fflur

CYDNABYDDIAETHAU

Mae'r awdur a'r cyhoeddwyr yn cydnabod yn ddiolchgar ffynonellau'r delweddau sy'n cael eu rhestru yma, ynghyd â'r caniatâd i'w cyhoeddi:

t.5: llun y grŵp llefaru trwy ganiatâd Adran Emlyn; t.6: llun Lisa a Beca, Wendy Jenkins; t.6: arwydd siop, slebog.net; t.7: tŷ'r porthmyn, Chris S Stephens; t.9: llun cerflun o Edward Lhyud, Dyfed Elis-Gruffydd; t.10: tudalen o Lyfr Aneirin, Llyfrgell Genedlaethol Cymru; t.11: llun 'Y Gododdin', Mary Lloyd Jones; t.13: llun Hywel Dda, Llyfrgell Genedlaethol Cymru; t.14: cerfiadau gan Phil Forder trwy ganiatâd Dr Glen Peters a Mrs Brenda Squires, Plas Rhos-y-gilwen; t.15: Tudalen o Gyfreithiau Hywel Dda, Peniarth 28, Llyfrgell Genedlaethol Cymru; arddangosfa ar lechen, trwy ganiatâd Canolfan Hywel Dda, Hendy-gwyn; t.16: llun o Basiant Cenedlaethol Cymru, Gwasanaethau Llyfrgell Dinas Caerdydd; t.17: llun Pont Hafren gan Martin Caveney; t.18: tudalen o'r Beibl, 1588, Llyfrgell Genedlaethol Cymru; stampiau1988, yn defnyddio delweddau Keith Bowen, trwy ganiatâd Royal Mail Group Ltd; t.19: llun cofeb i'r Esgob William Morgan, Dyfed Elis-Gruffydd; 'William Morgan' allan o Gwreiddiau gan D. Gwenallt Jones (Gomer, 1959); portread dychmygol gan T. Prytherch, 1907; t.20: Baner Ysgol Sul Trecynon allan o Chapels of the Cynon Valley gan Alan Vernon Jones (Cynon Valley Historic Society, 2004); cartŵn, Graham Howells; t.21: llun cyhoeddi'r Eisteddfod Genedlaethol, David Williams; t.22: Gweithfeydd Haearn Dowlais gan George Childs, Amgueddfeydd ac Orielau Cenedlaethol Cymru; llun o Augusta Hall trwy ganiatâd Cymdeithas Gwenynen Gwent (www.ladyllanover.org.uk); t.23: poster 'Hen Wlad fy Nhadau', Diana Williams (www.dianawilliams-mon.com); sampler gan Nia Jenkins; t.24: cartwnau, Graham Howells; t.25: llun o'r 'Welsh Not' gan Rob Davies, allan o The Dragon Ring, Liz Haigh (Pont Books, 2000); t.26: llun o'r plant yn protestio trwy ganiatâd Gwilym Tudur, allan o Wyt ti'n Cofio? (Y Lolfa, 1989); t.27: tirlun lliw o'r Wladfa, Menna Owen Strong; llun o'r capelwyr ar gefn ceffyl allan o O Drelew i Drefach gan Marged Lloyd Jones (Gomer, 2007); t.28: llun Lloyd George, trwy ganiatâd BBC Cymru; t.29: llun o'r Llyfrgell Genedlaethol, Aberystwyth trwy ganiatâd Llyfrgell Genedlaethol Cymru; t.30: llun chwaraeon dŵr trwy ganiatâd Urdd Gobaith Cymru; t.31: lluniau stiwdio trwy ganiatâd BBC Cymru; llun Waun Lwyd allan o Mae'n Ddiwedd Byd Ma, Herbert Hughes (Gomer, 1997); t.32: llun protest Cymdeithas yr Iaith, Geoff Charles/ Llyfrgell Genedlaethol Cymru; llun graffiti, Llanrhystud, Gary Evans; t.33: llun teulu Trevor ac Eileen Beasley trwy ganiatâd Eileen Beasley; t.34: llun Dafydd Iwan gan Islwyn Jenkins allan o Dafydd Iwan: Bywyd mewn lluniau/A life in pictures (Gomer, 2005); t.35: llun o'r merched yn saethu trwy ganiatâd Merched y Wawr; llun Angharad Tomos trwy ganiatâd Gwilym Tudur, allan o Wyt ti'n Cofio? (Y Lolfa, 1989); llun Dafydd Iwan, Marian Delyth; t.37: llun o Ysgol Dewi Sant trwy ganiatâd y Pennaeth, Mr Gethin Thomas; t.41: llun Nia Parry, David Williams; t.42: poster trwy ganiatâd Bwrdd yr Iaith Gymraeg; t.43: llun Sarra Elgan a Simon Easterby a'r teulu trwy ganiatâd y teulu; t.44: llun Only Men Aloud trwy ganiatâd Merlin Elite; llun Matthew Rhys, Corrine Harrison; llun Elin Fflur trwy ganiatâd Sain; t.46: 'Soar-y-mynydd', Ogwyn Davies.

Ni fu'n bosibl dod o hyd i berchennog pob llun ac mae'r cyhoeddwyr yn ymddiheuro'n ddidwyll am fethu â chydnabod cyfraniad unrhyw unigolyn neu sefydliad sydd yn berchen ar ddelwedd yn y llyfr hwn heb yn wybod iddynt. Byddant yn barod iawn i ychwanegu manylion perthnasol pan ddaw'r amser i adargraffu.